브레드 이발소



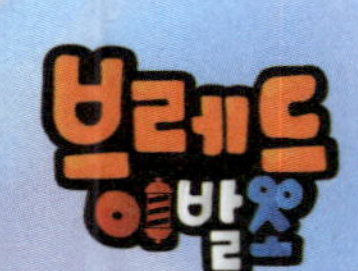

브레드와 함께하는

# 허니 음악이론

## 5

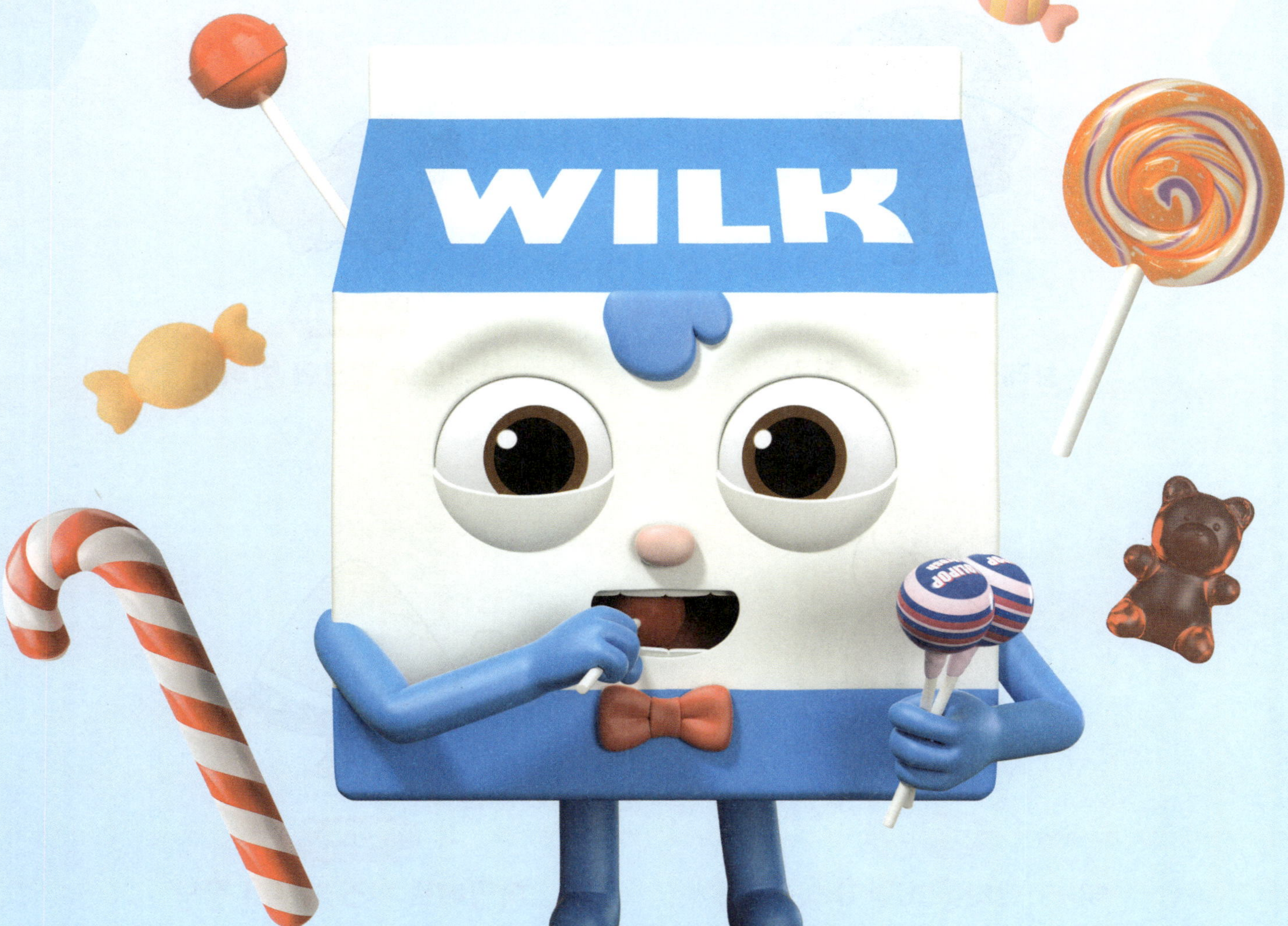


세광음악출판사

# 등장인물 소개

**브레드**

빵집 최고의 천재 이발사

**윌크**

브레드의 사고뭉치 조수

**초코**

브레드이발소의 직원

**소시지**

브레드와 윌크의 반려견

**마카롱**

베이커리타운의 인기 아이돌

**치즈**

까망베르 치즈 가문의 장남

# 차 례

에 올라가는 계이름을 써 보세요.

화살표를 따라 그리고, 올라가는 계이름을 써 보세요.

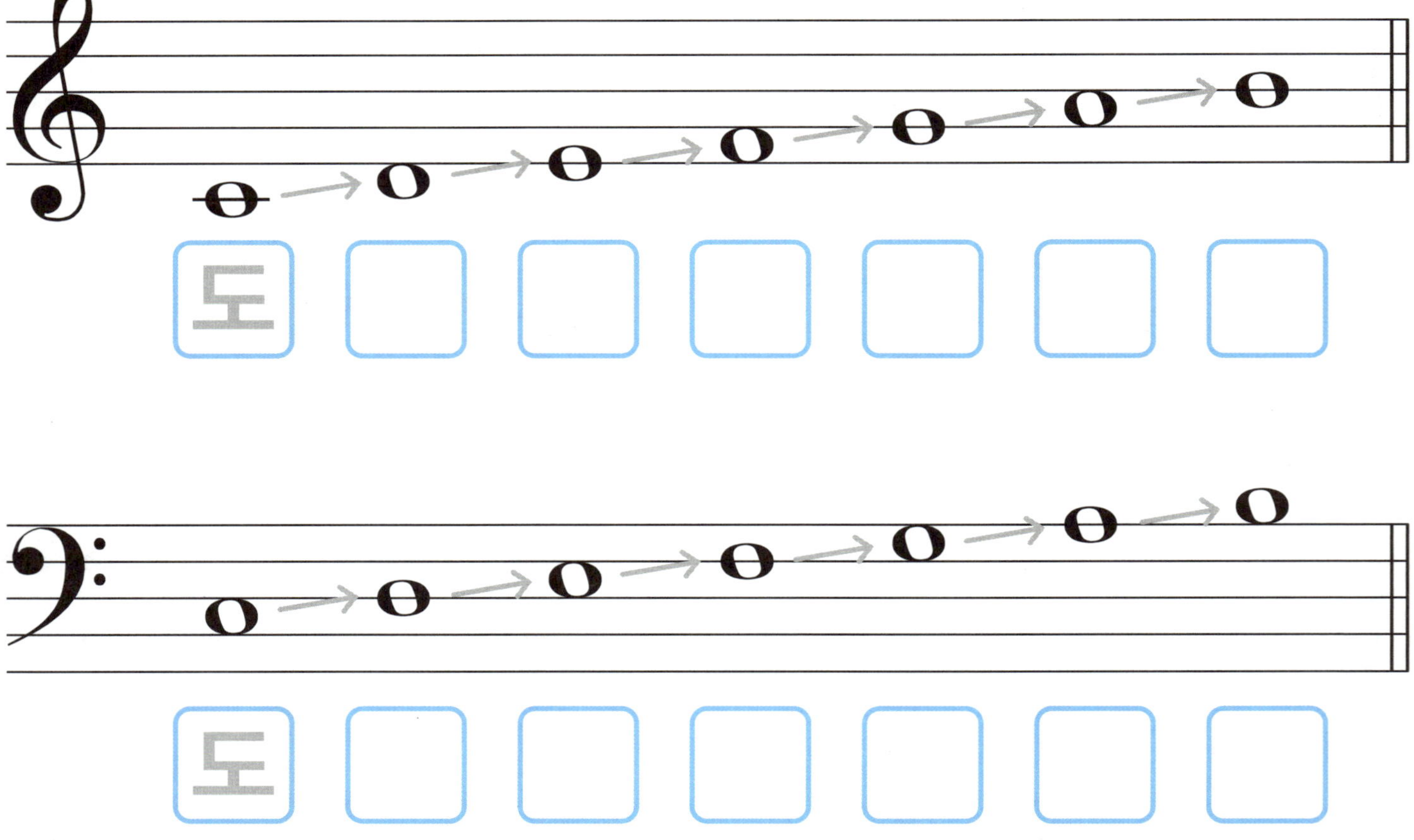

화살표를 따라 그리고, 올라가는 영어 음이름을 써 보세요.

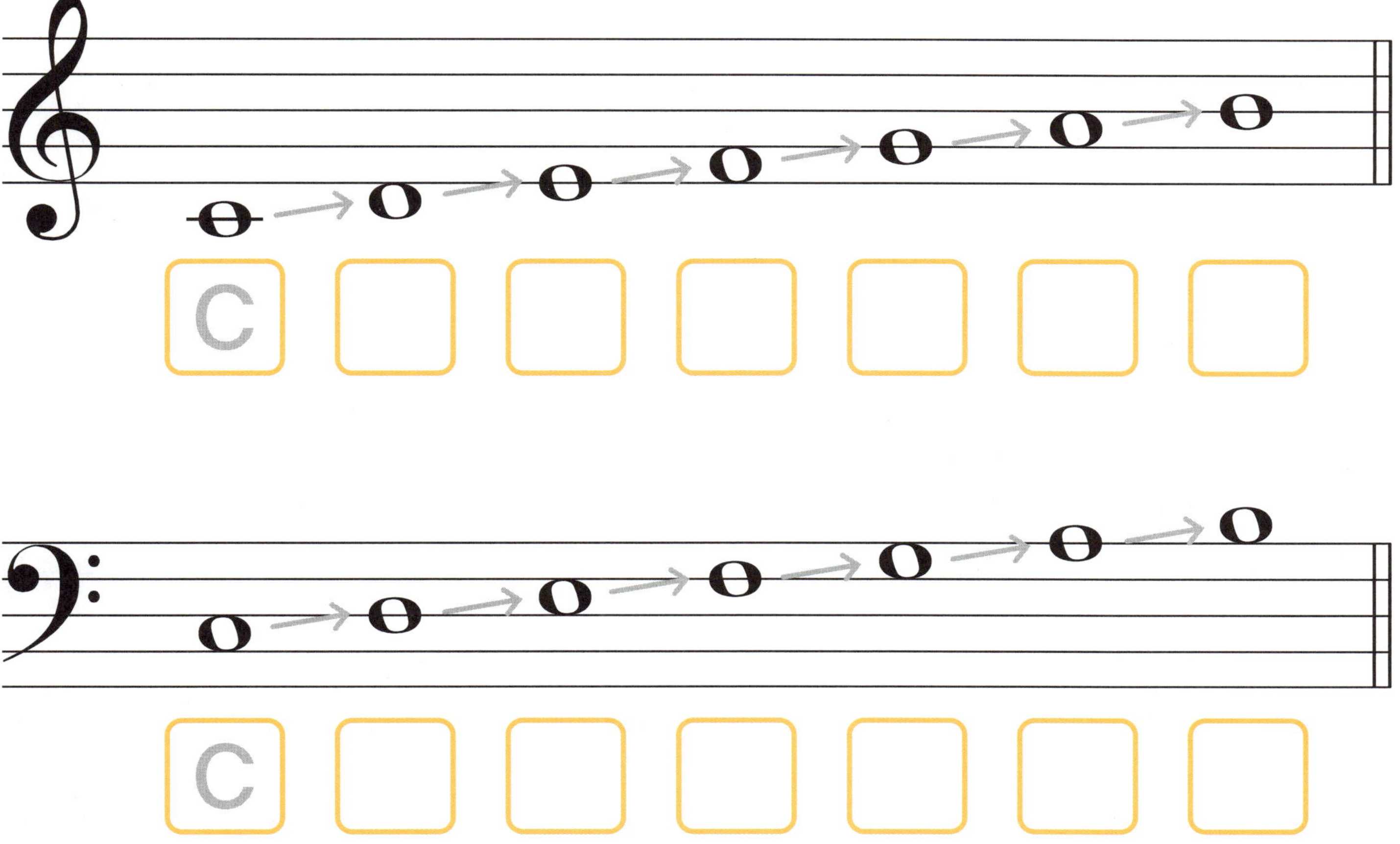

🧁 **계이름과 영어 음이름을 써 보세요.**

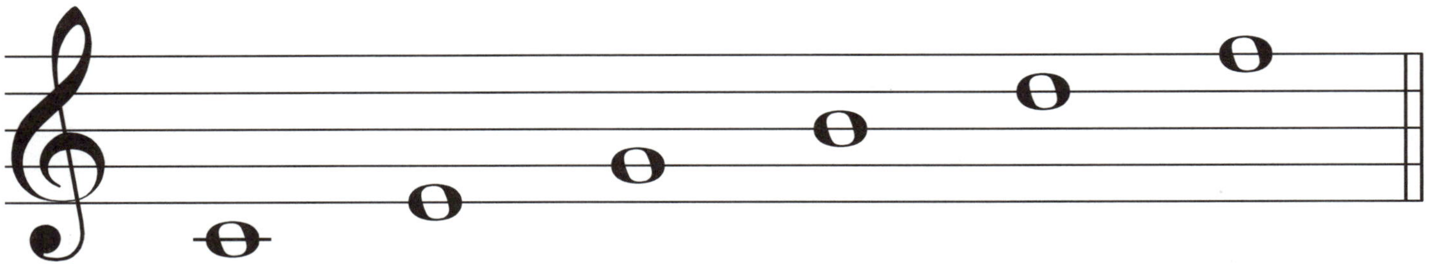

| 계이름 | 도 |  |  |  |  |  |
| --- | --- | --- | --- | --- | --- | --- |
| 영어 음이름 | C |  |  |  |  |  |

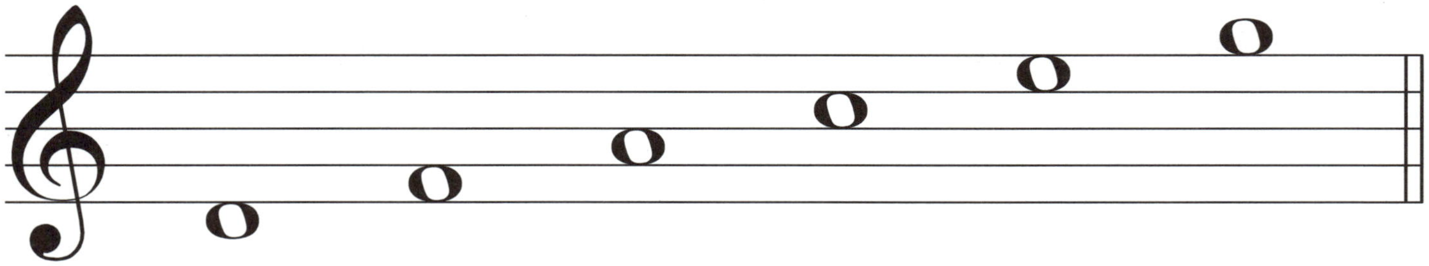

| 계이름 | 레 |  |  |  |  |  |
| --- | --- | --- | --- | --- | --- | --- |
| 영어 음이름 | D |  |  |  |  |  |

🧁 **리듬 악보를 보고, 브레드가 말하는 순서대로 해 보세요.**

🧁 **계이름과 영어 음이름을 써 보세요.**

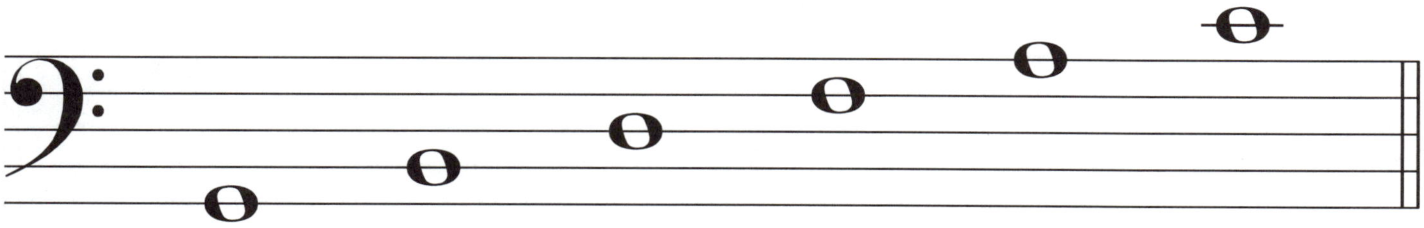

| 계이름 | 솔 | | | | | |
| --- | --- | --- | --- | --- | --- | --- |
| 영어 음이름 | G | | | | | |

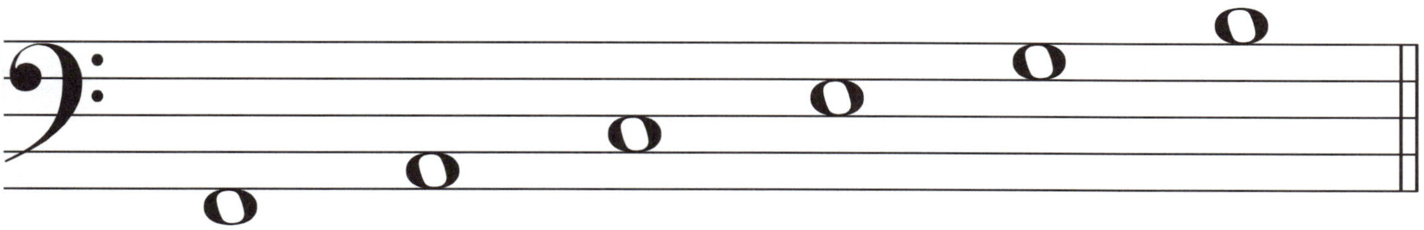

| 계이름 | 파 | | | | | |
| --- | --- | --- | --- | --- | --- | --- |
| 영어 음이름 | F | | | | | |

🧁 **리듬 악보를 보고, 브레드가 말하는 순서대로 해 보세요.**

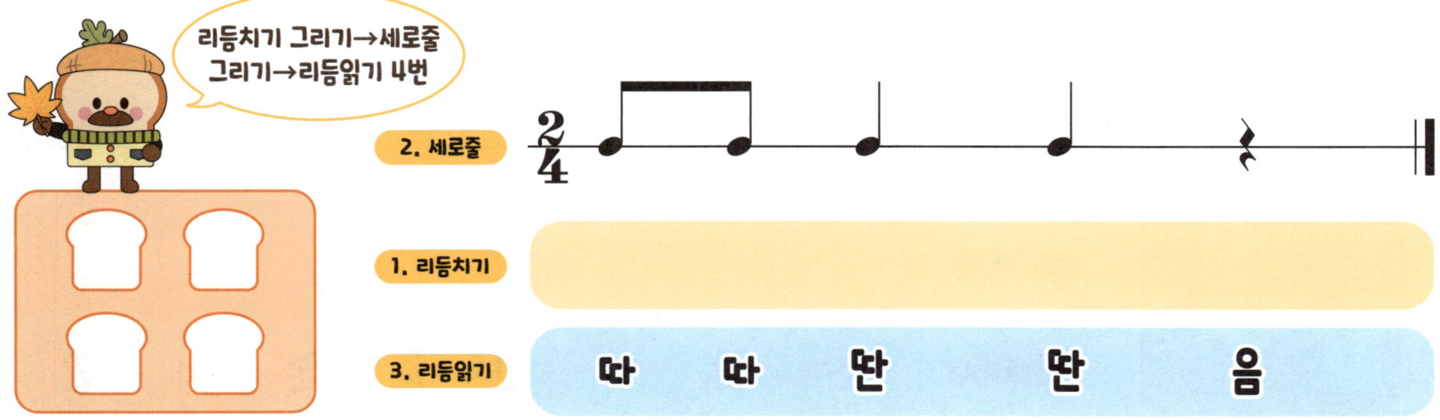

🧁 **계이름과 영어 음이름을 써 보세요.**

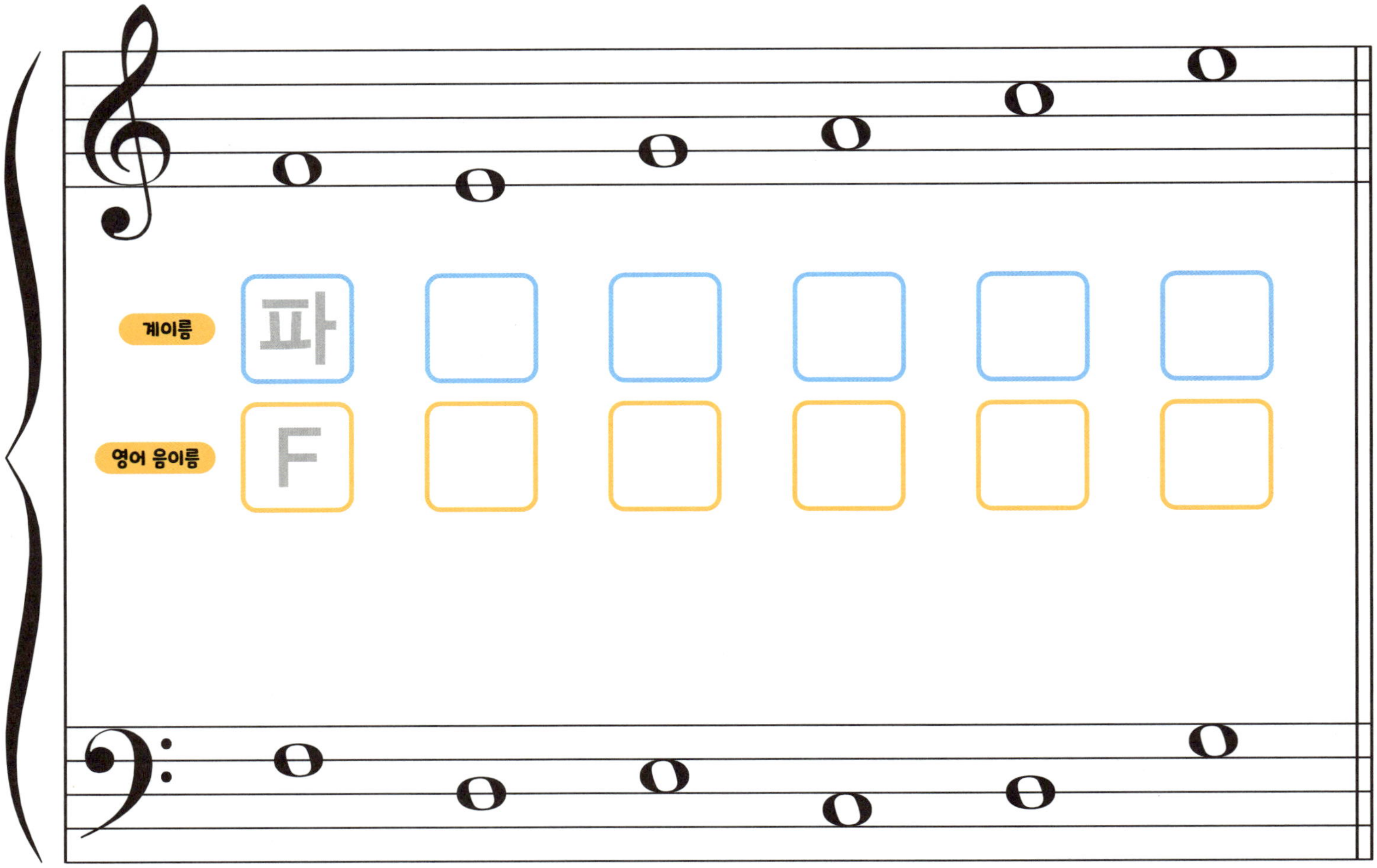

| 계이름 | 파 | | | | | |
| --- | --- | --- | --- | --- | --- | --- |
| 영어 음이름 | F | | | | | |

| 계이름 | 파 | | | | | |
| --- | --- | --- | --- | --- | --- | --- |
| 영어 음이름 | F | | | | | |

🧁 **리듬 악보를 보고, 브레드가 말하는 순서대로 해 보세요.**

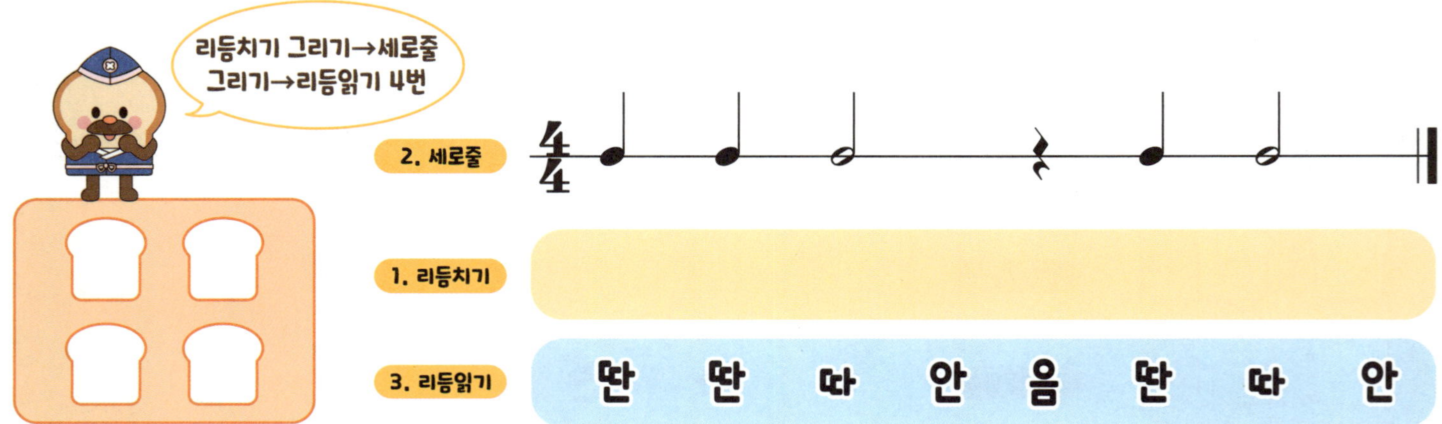

🧁 계이름과 영어 음이름을 써 보세요.

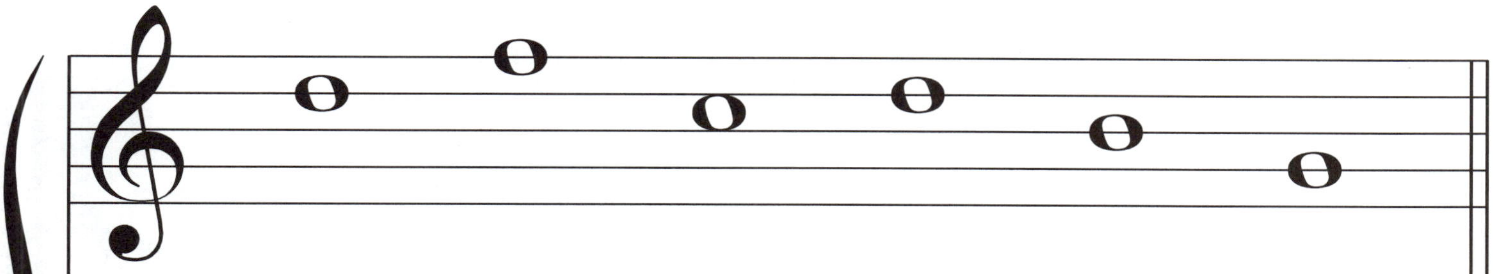

| 계이름 | 레 |  |  |  |  |  |
| --- | --- | --- | --- | --- | --- | --- |
| 영어 음이름 | D |  |  |  |  |  |

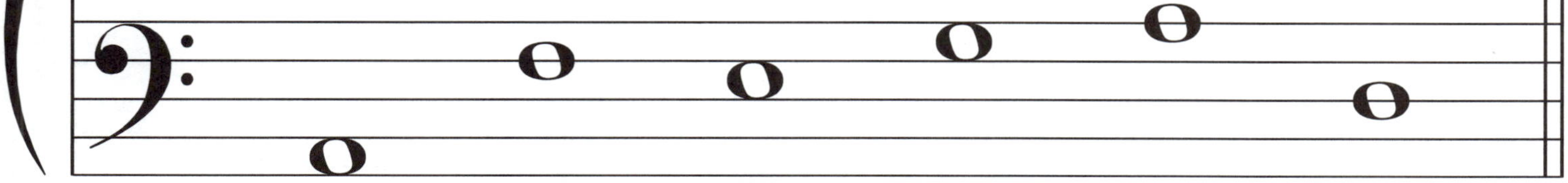

| 계이름 | 라 |  |  |  |  |  |
| --- | --- | --- | --- | --- | --- | --- |
| 영어 음이름 | A |  |  |  |  |  |

🧁 리듬 악보를 보고, 브레드가 말하는 순서대로 해 보세요.

🥨 악센트를 따라 그려 보세요.

악 센 트 세 게　악 센 트 세 게

악 센 트　악 센 트　악 센 트

그 음 세 게　악 센 트

그 음 세 게　악 센 트

악센트를 찾아 모두 ○ 해 보세요(6개).



□ 에 악센트를 그려 보세요.

따라
그려 보세요.
악센트( > ) 그 음을 특히 세게 연주
③
①
②
②
①
③

그 음의 길이 만큼 **충분히 눌러서** 연주

🥨 테누토를 따라 그려 보세요.

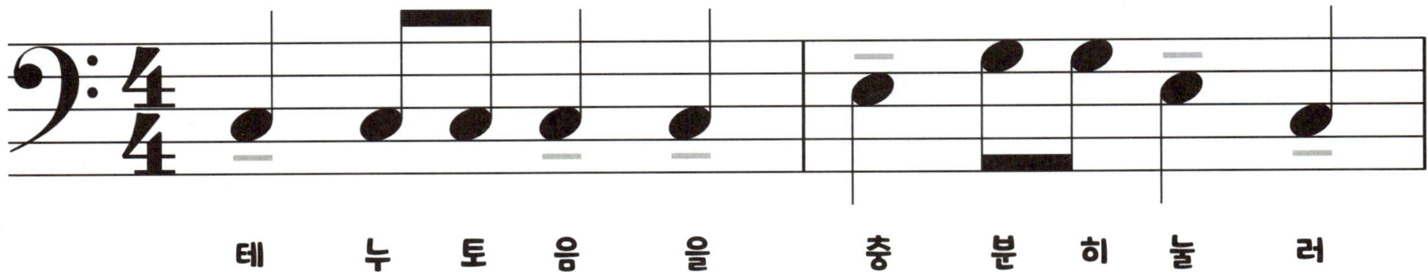


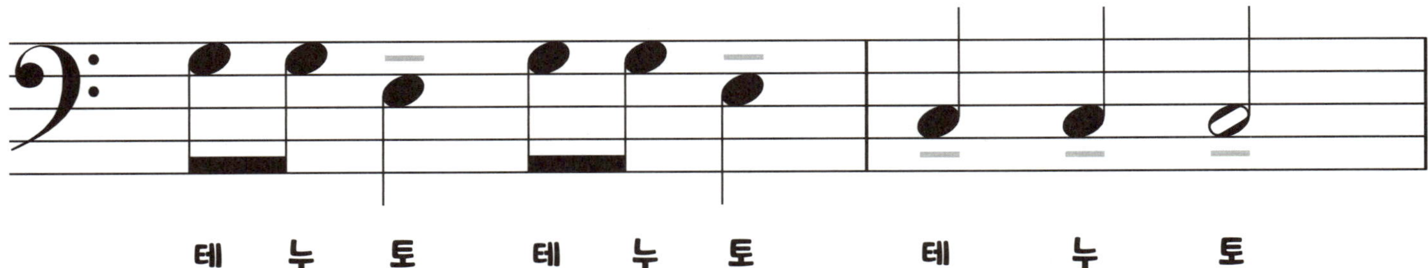


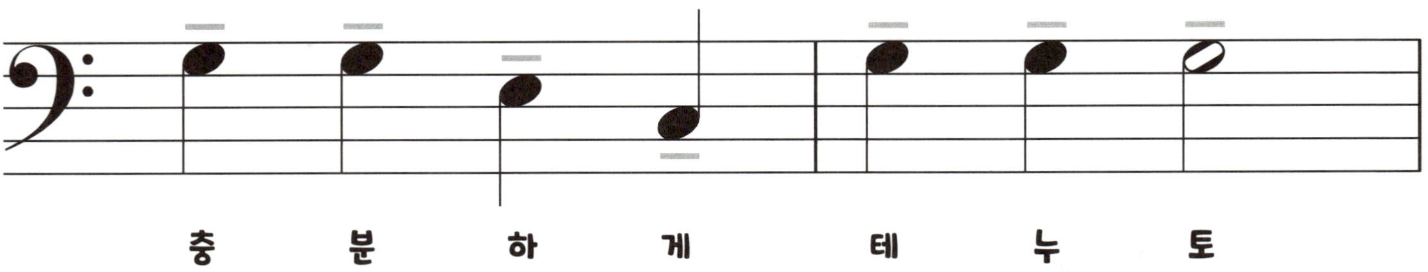


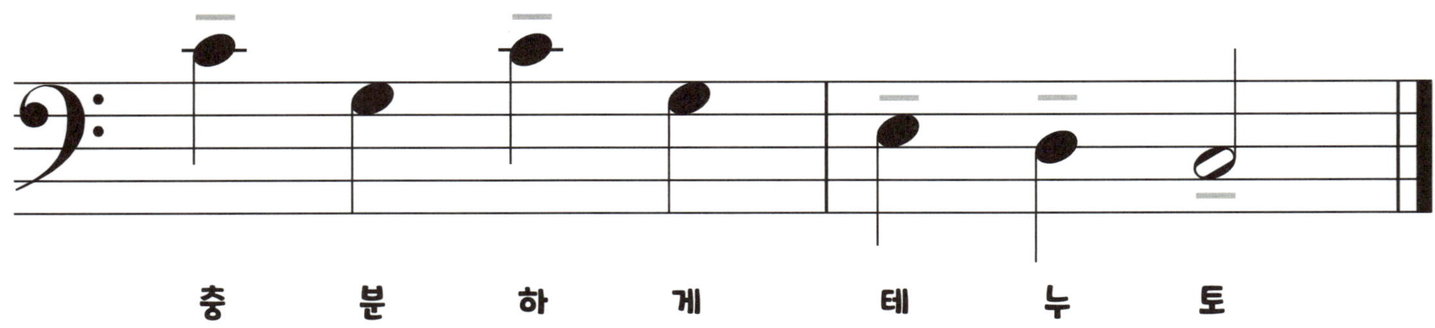

테누토를 찾아 모두 ◯ 해 보세요(6개).

□ 에 테누토를 그려 보세요.

# 페르마타 (늘임표)

그 음의 원래 길이보다 **2~3배 늘여서** 연주

🥨 페르마타를 따라 그려 보세요.

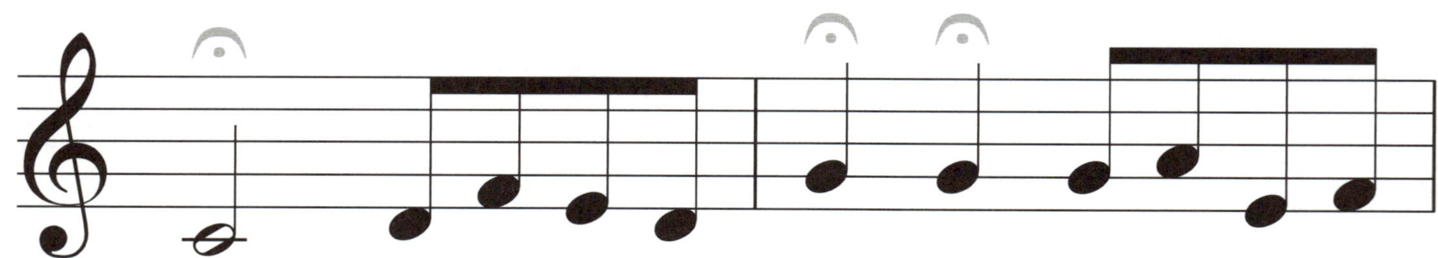

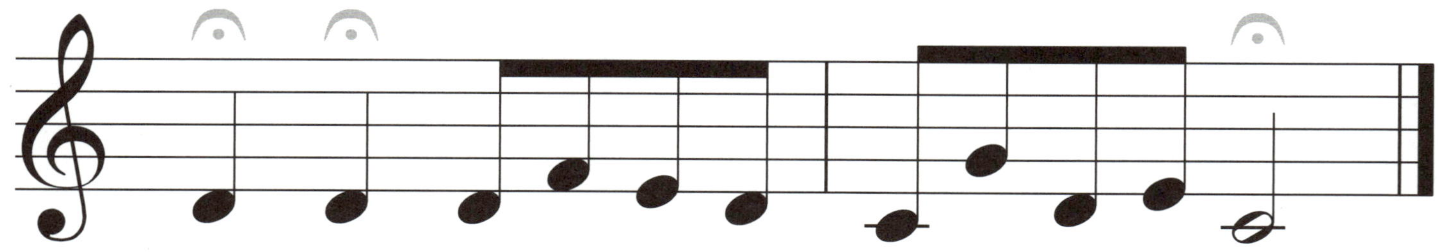

페르마타를 찾아 모두 ◯ 해 보세요(6개).

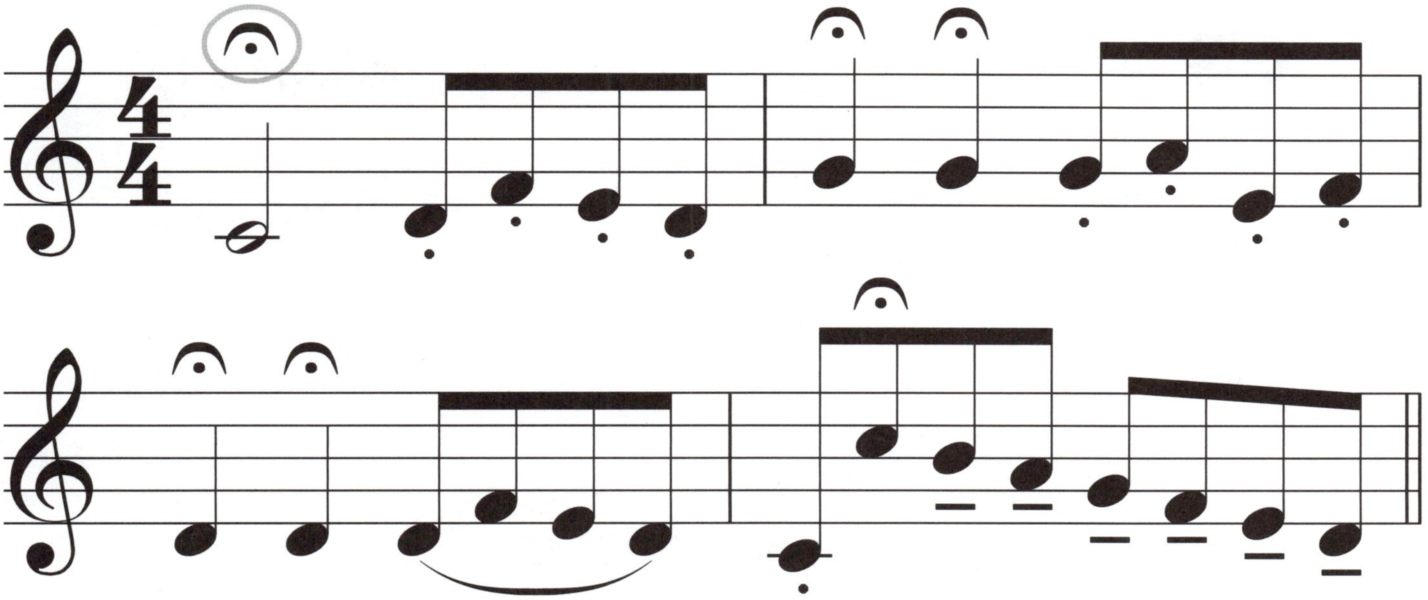

□ 에 페르마타를 그려 보세요.

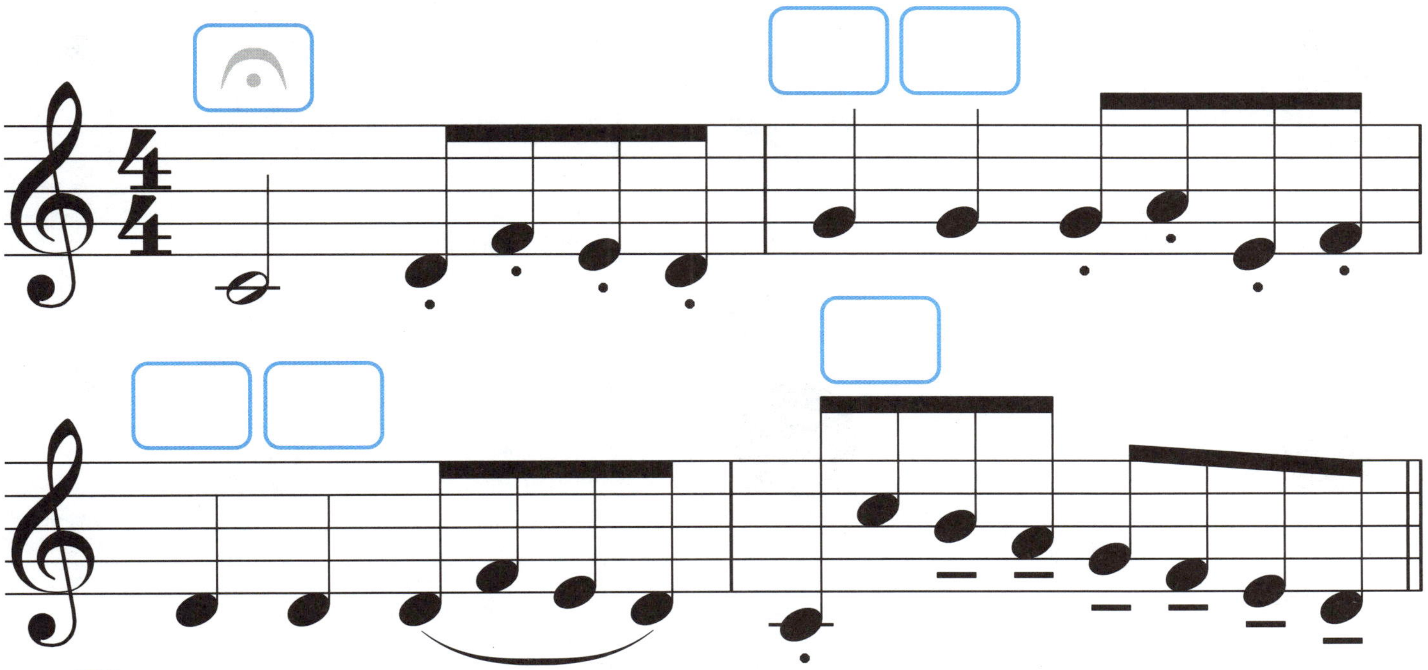

따라
그려 보세요.

페르마타 ( ⌢ , 늘임표 )
그 음의 원래 길이보다
2~3배 늘여서 연주

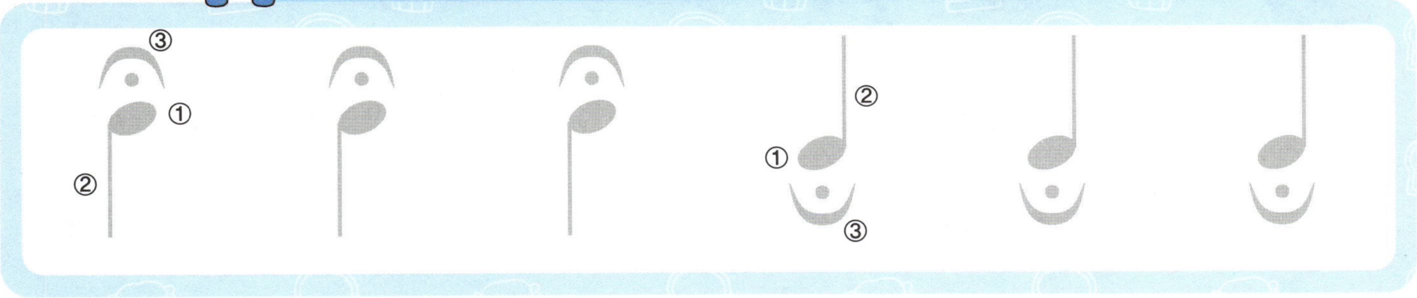

🥨 알맞은 것끼리 연결해 보세요.

🥨 친구들이 말하는 것을 음표 머리 위나 아래에 그려 보세요.

🥨 리듬 악보를 보고, 브레드가 말하는 순서대로 해 보세요.

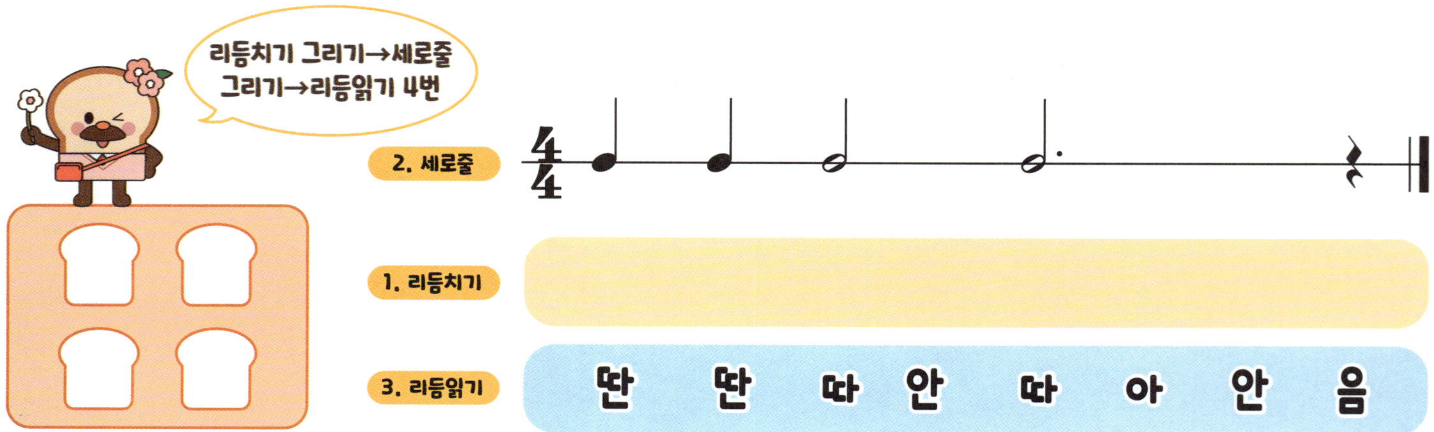

🥛 아래의 친구들이 말하고 있는 것을 찾아 모두 ☐ 해 보세요.

허 니 빵 브 레 드 향 보 남 옥
까 망 베 범 묘 과 바 포 르 테
초 코 페 르 마 타 느 온 발 차
치 즈 후 랑 크 소 시 지 뭉 꾸
케 림 쿠 여 왕 악 센 트 공 주
윌 크 세 로 줄 카 롱 높 은 음
버 터 감 자 돈 부 리 활 티 화
랙 호 피 아 노 키 링 머 핀 스
롤 캔 디 프 츄 첼 맨 도 너 츠
파 인 애 플 간 상 테 누 토 핫

## 도돌이표

:‖ 에서 처음이나 ‖: 로 돌아가 ⌐1.⌐ 를 건너뛰고
⌐2.⌐ 를 연주

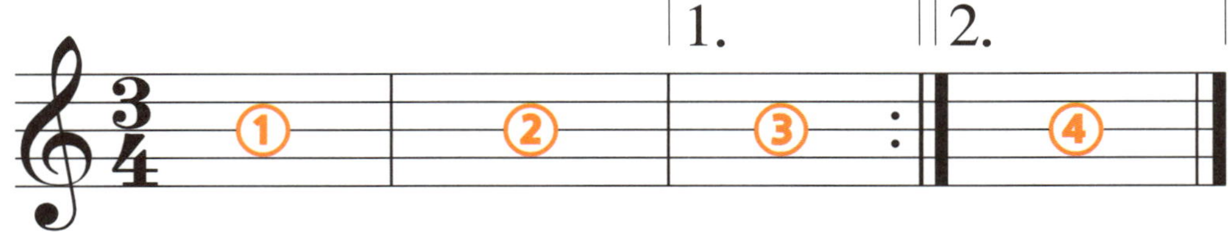


🧁 도돌이표를 따라 그리고, 연주 순서를 써 보세요.

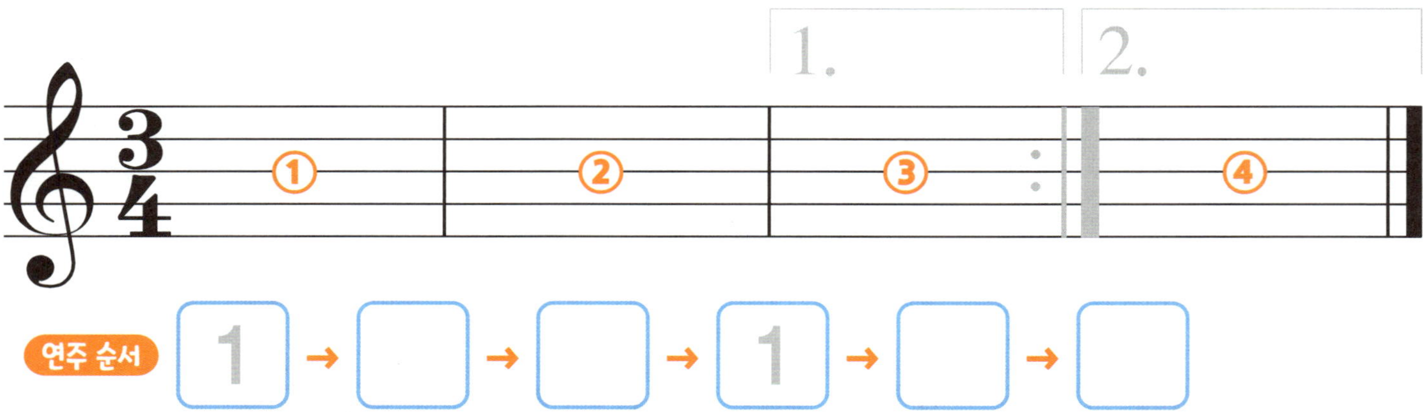


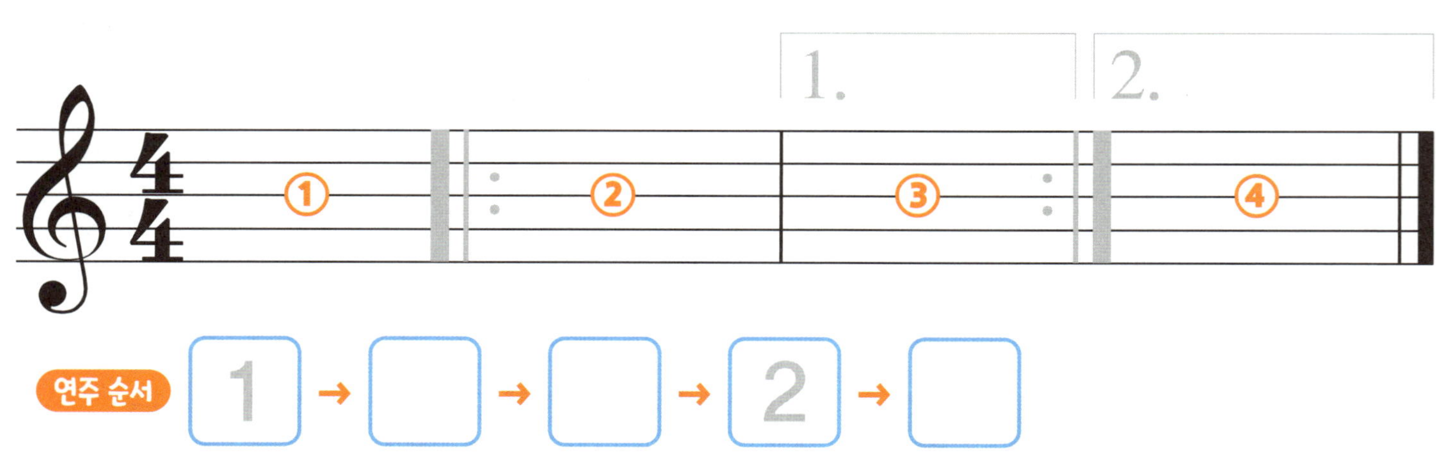

연주 순서를 써 보세요.

연주 순서 □ → □ → □ → □ → □

연주 순서 □ → □ → □ → □ → □

도돌이표를 보고, 계이름을 연주 순서대로 써 보세요.

계이름 도 □ 솔 □ 도 □ 파 □ □

계이름 도 □ □ □ □ 미 □ 미

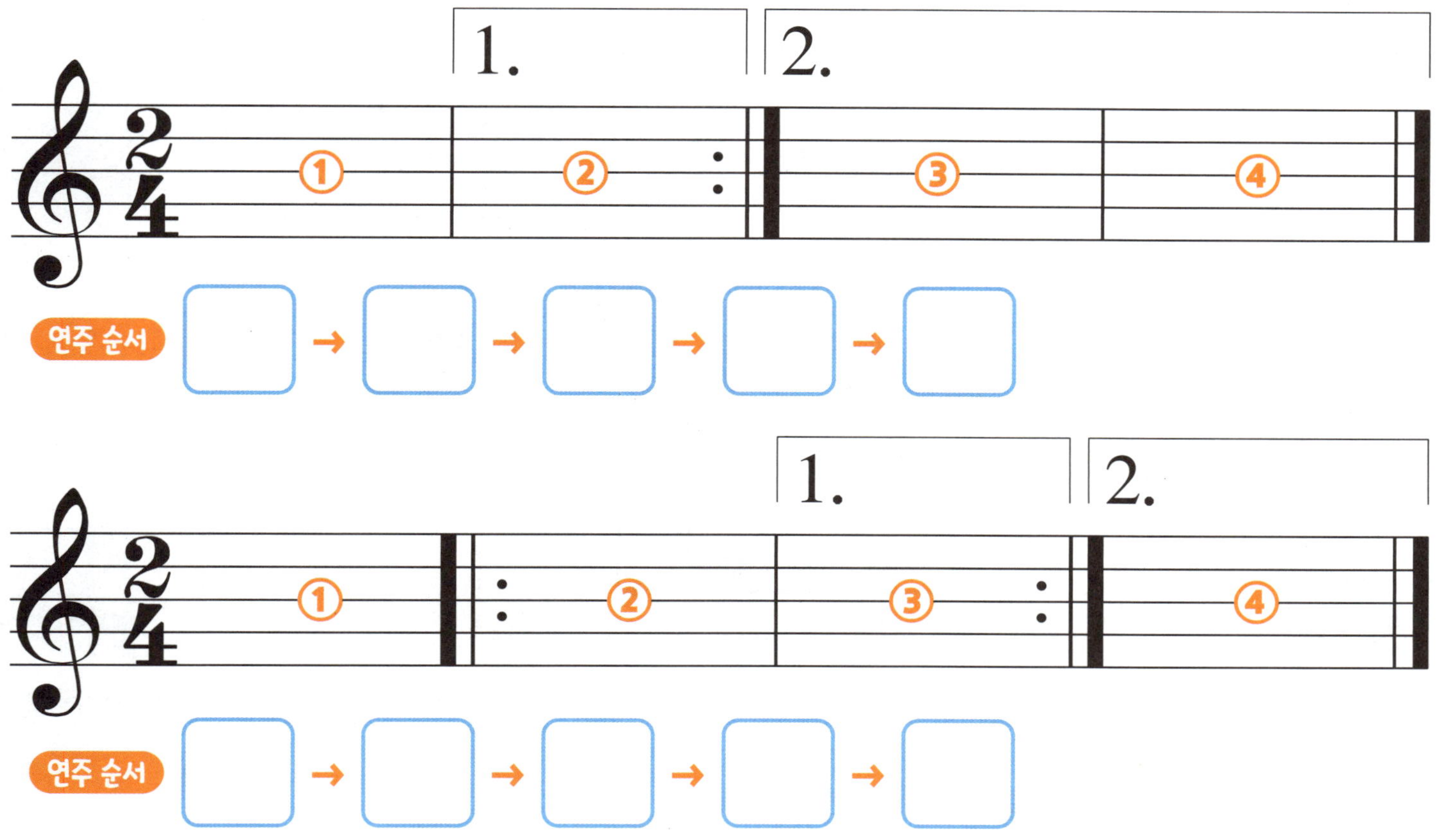

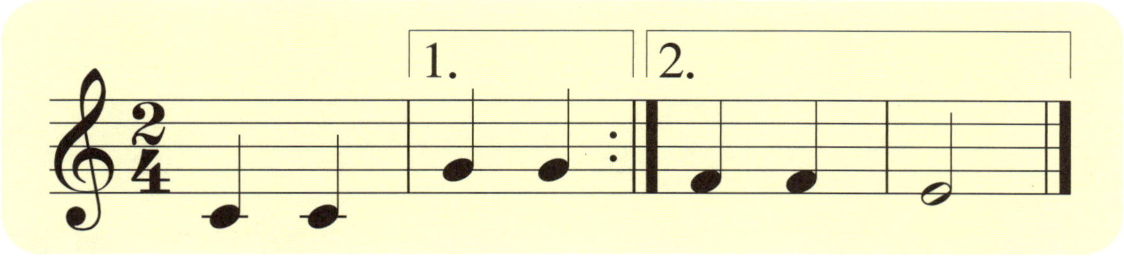

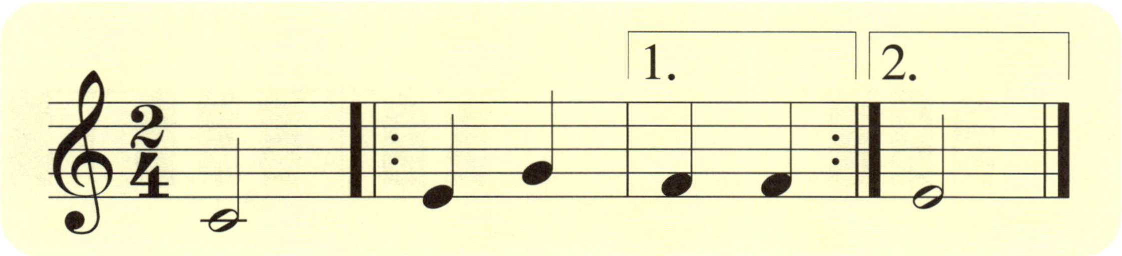

## 음정

### 음과 음 사이의 거리

브레드와 친구들 사이의 음정을 알맞게 써 보세요.

2 도

도

도

도

도

도

도

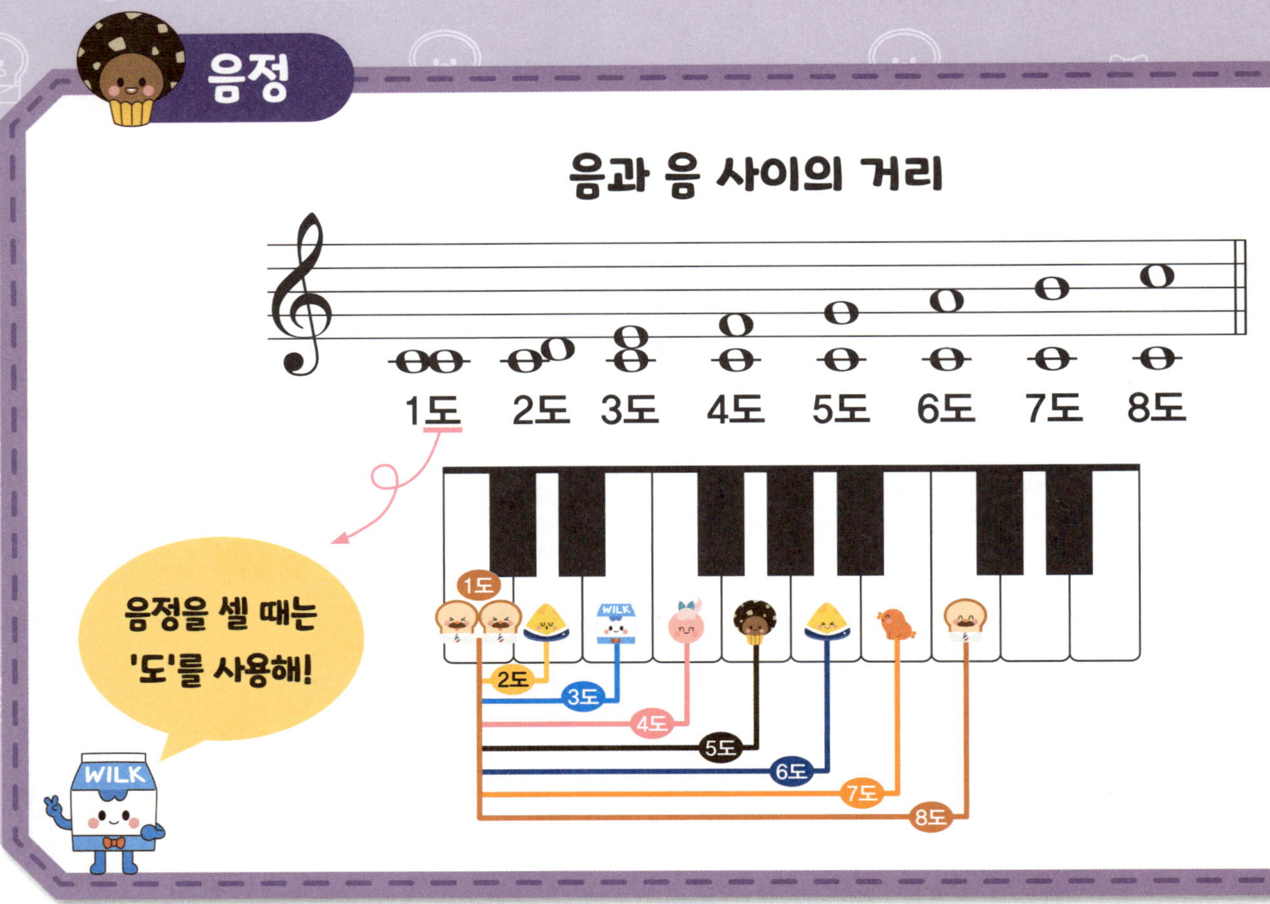

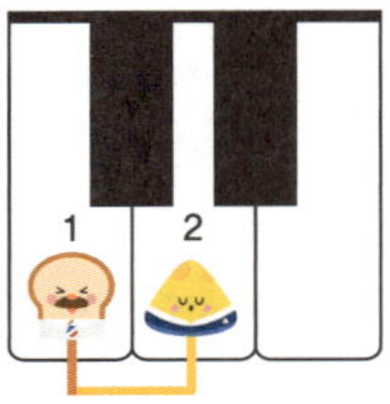

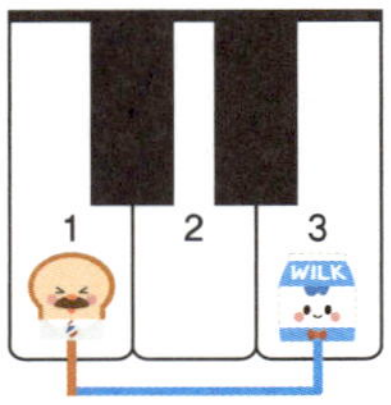

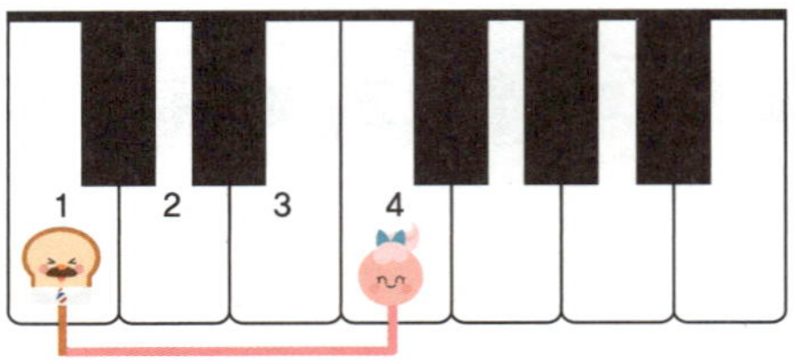

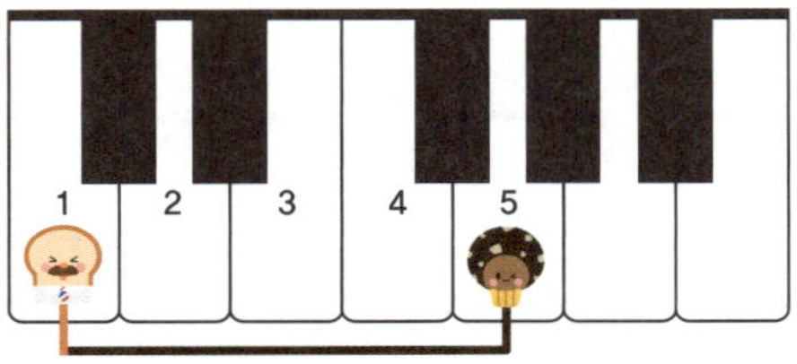

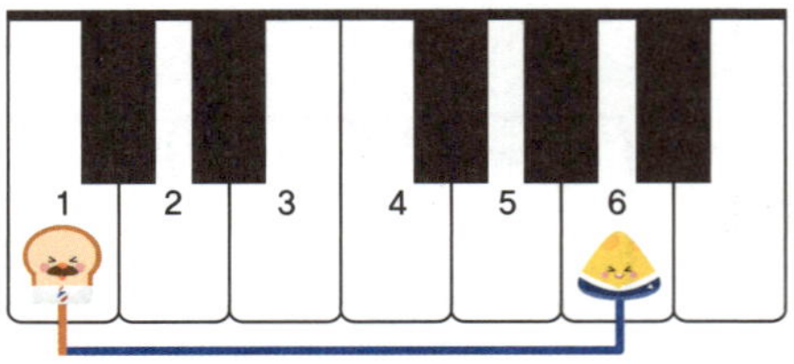

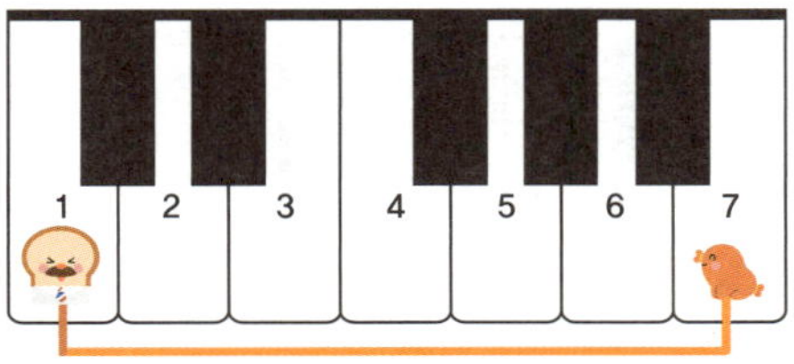

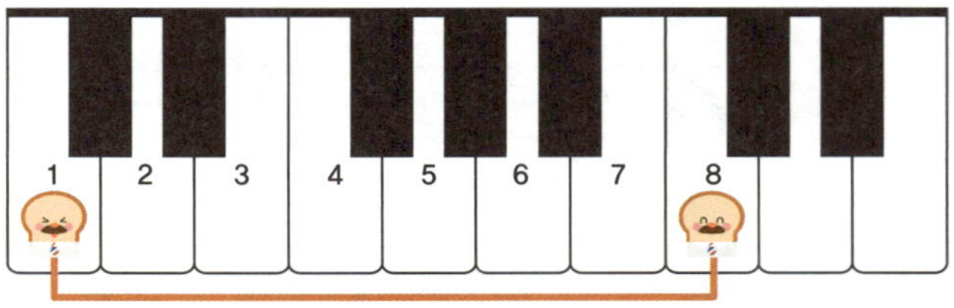

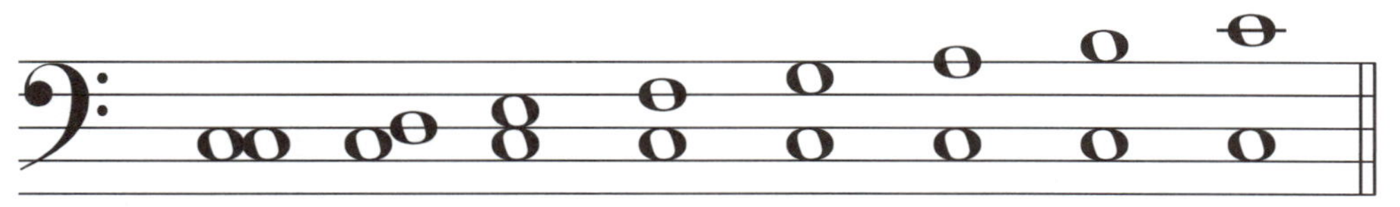


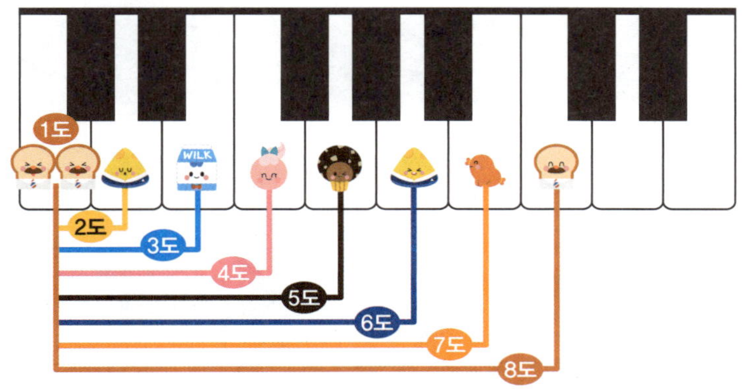


음정을 보고, 브레드를 기준으로 알맞은 건반에 색칠해 보세요.

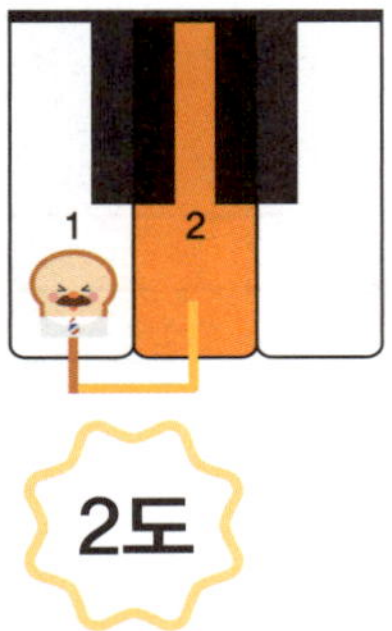

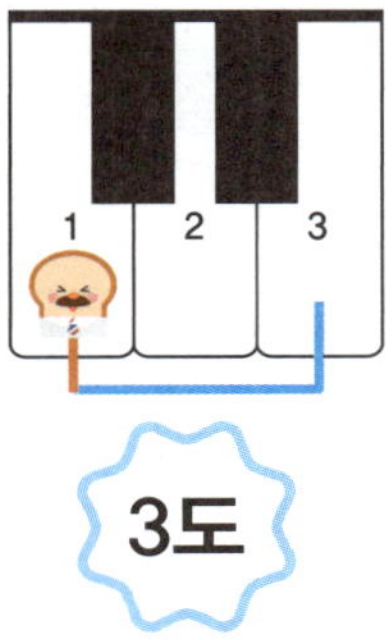

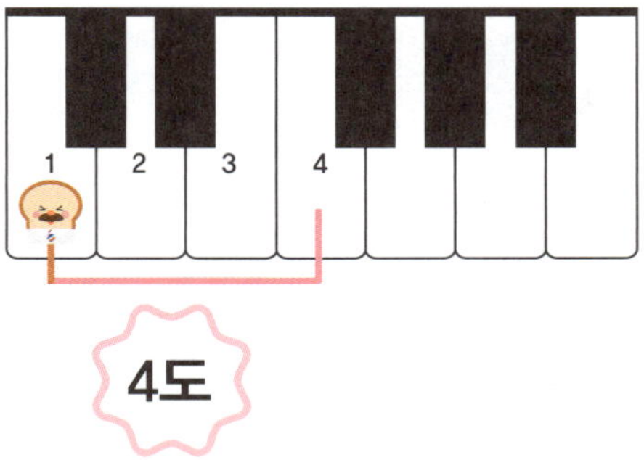

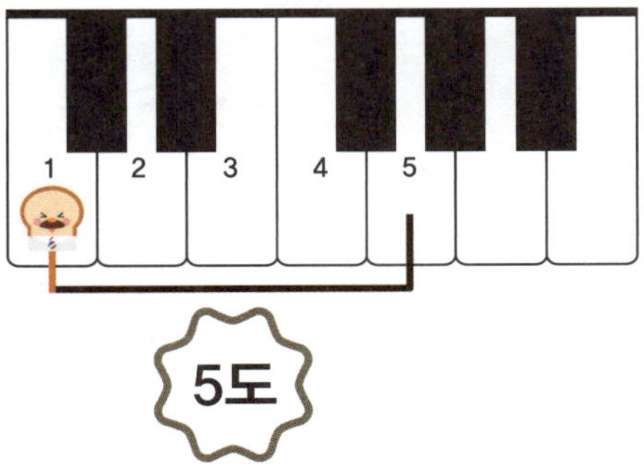

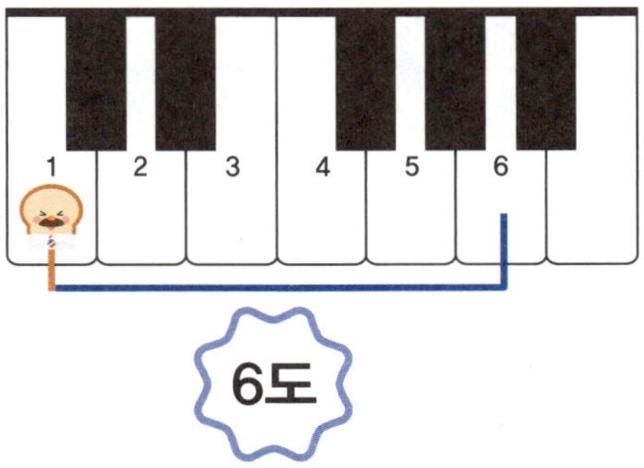

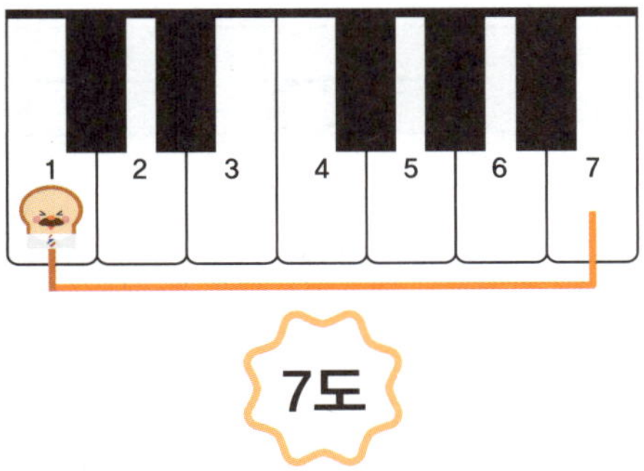

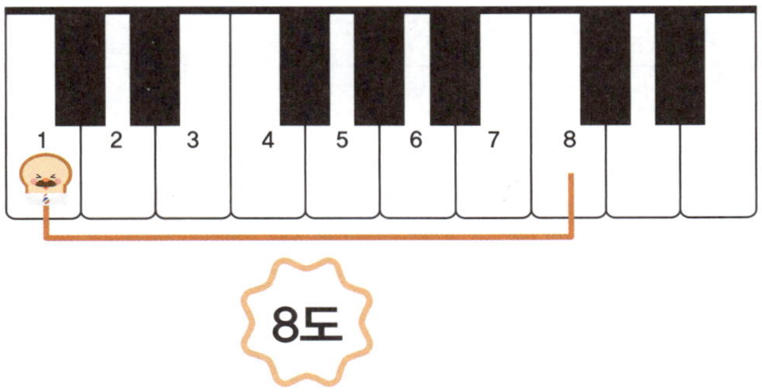

음정을 알맞게 써 보세요.

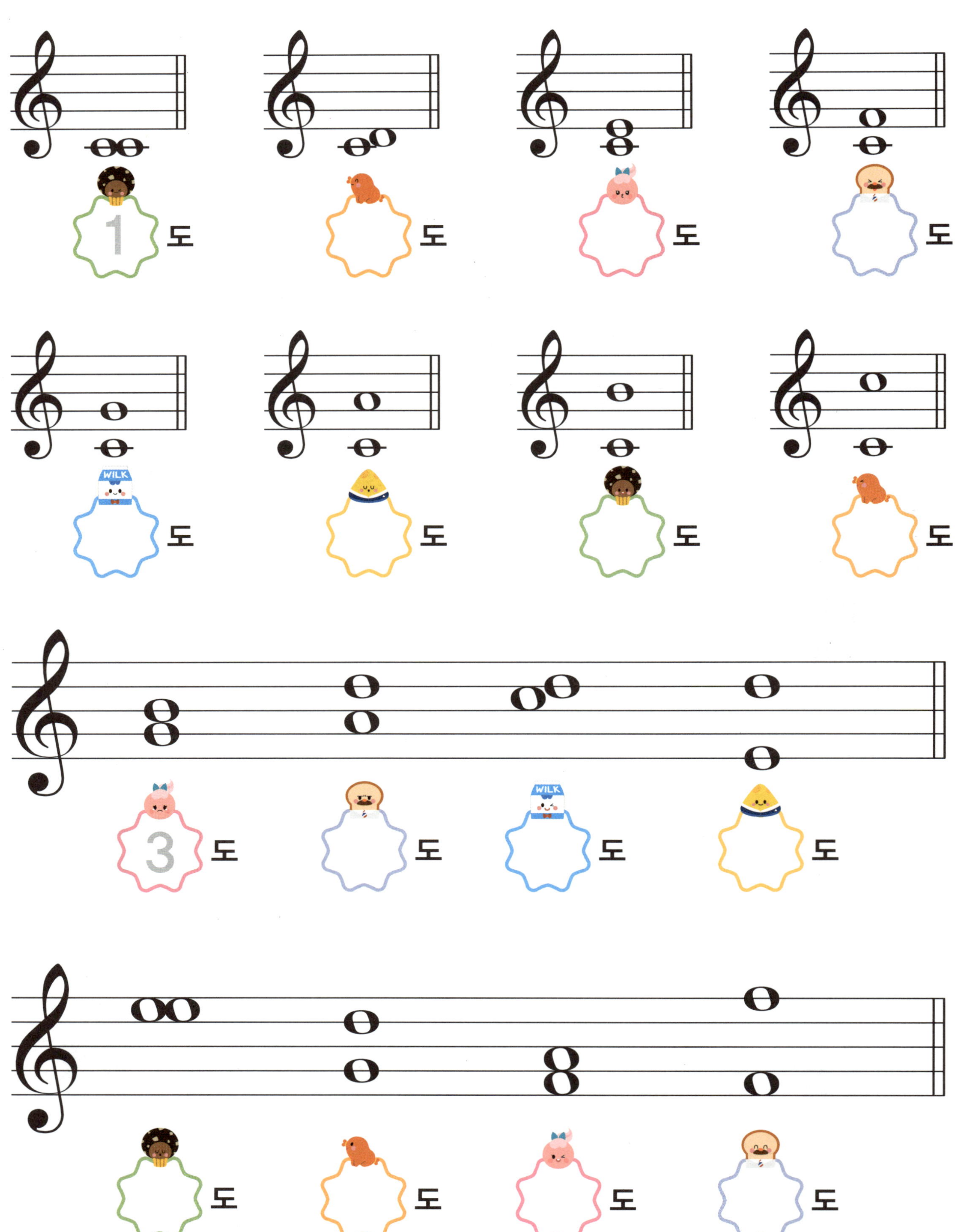
1 도
도
도
도
도
도
도
도
3 도
도
도
도
도
도
도
도

**음정을 알맞게 써 보세요.**

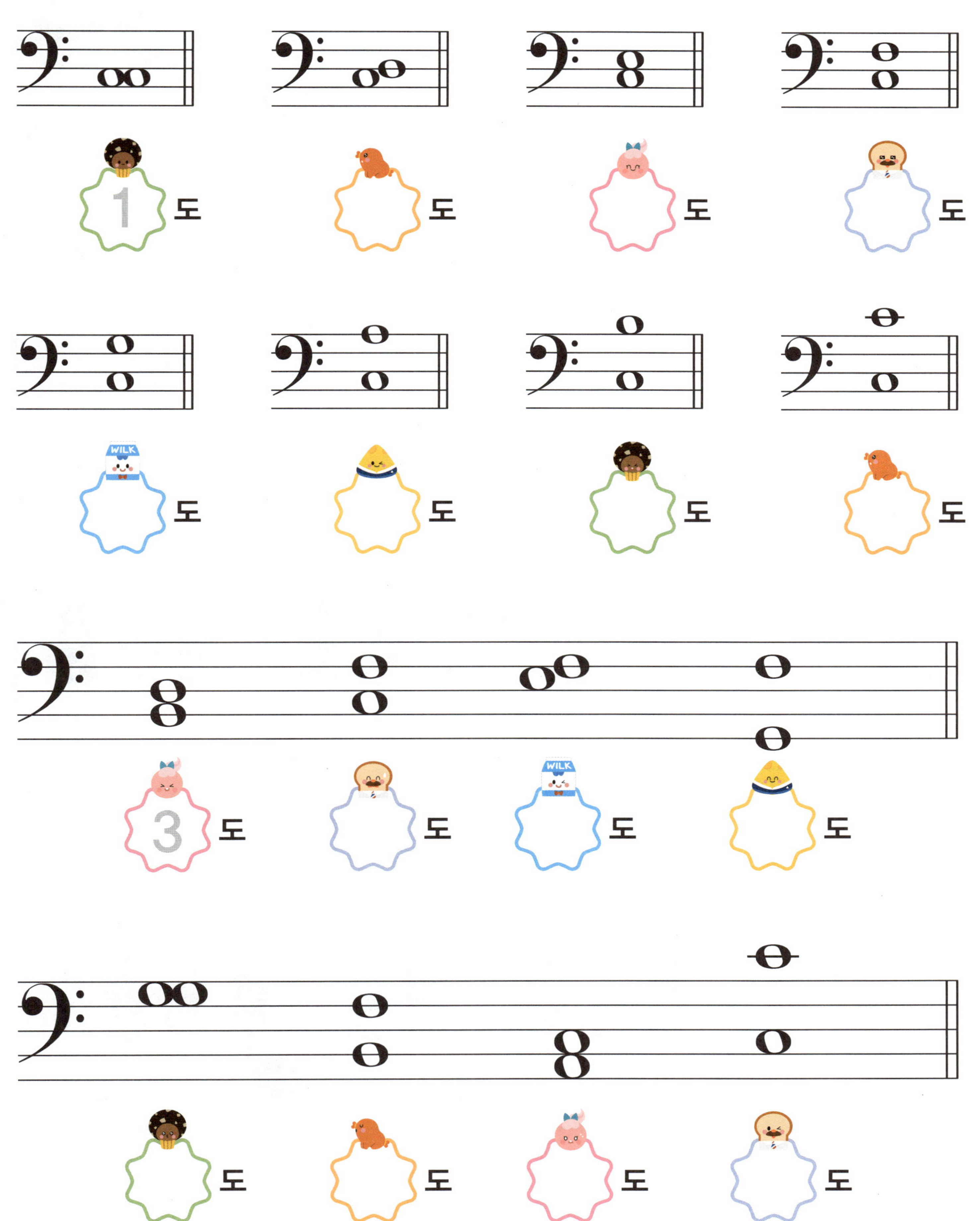

🥨 3도 위의 음을 온음표로 그려 보세요.

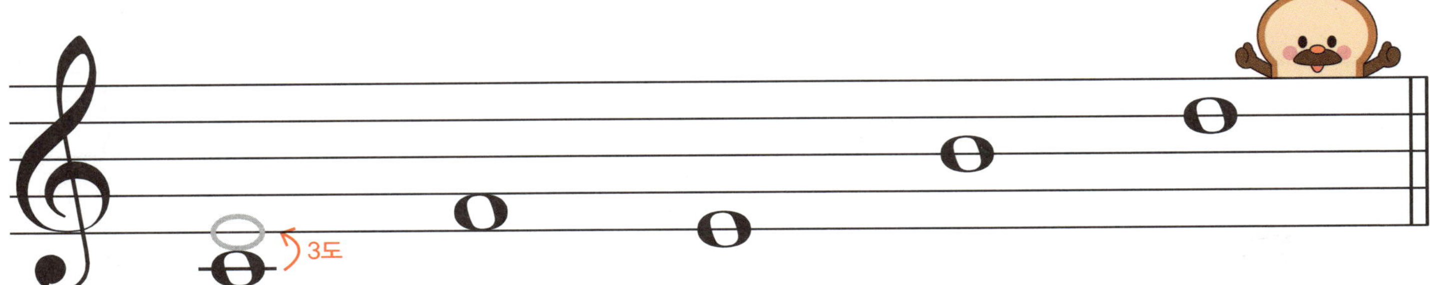

🥨 친구들 사이의 음정을 알맞게 써 보세요.

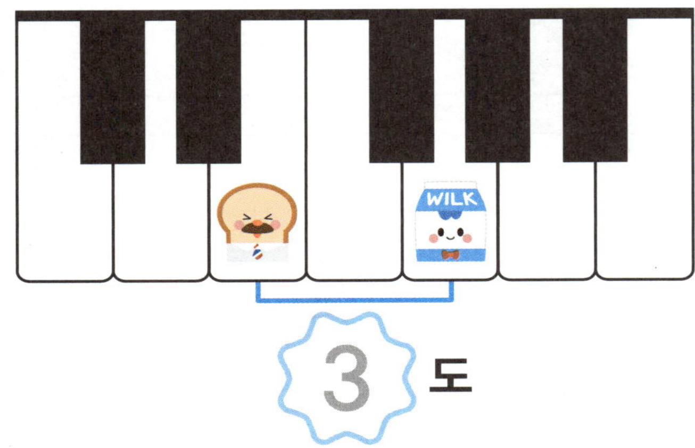

**5도 위의 음을 온음표로 그려 보세요.**

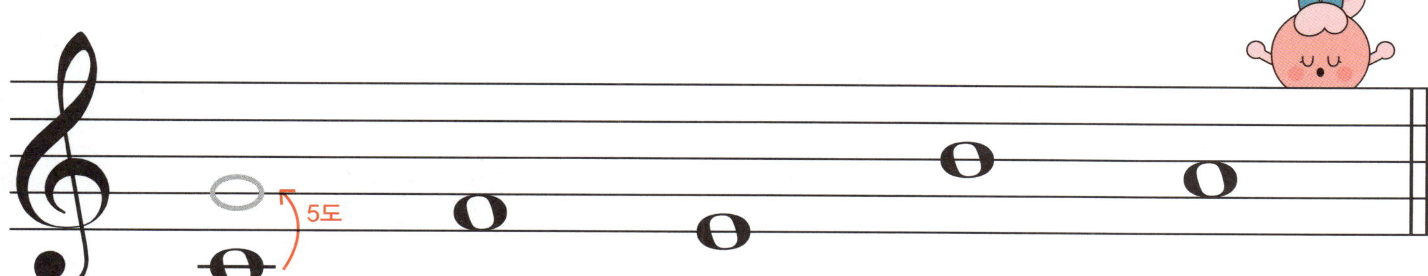

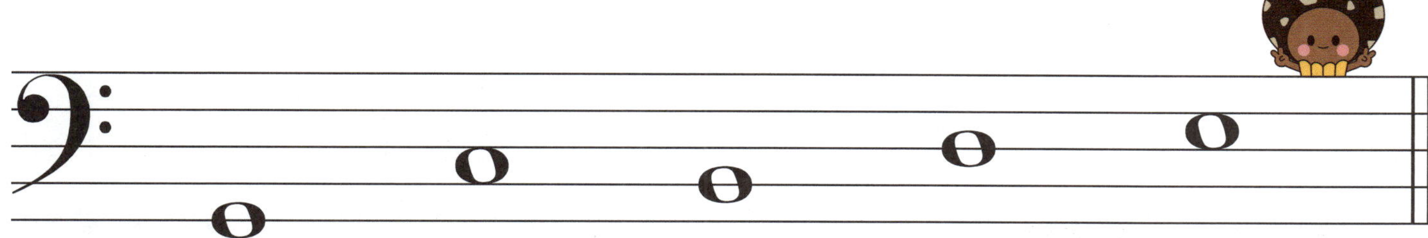

**친구들 사이의 음정을 알맞게 써 보세요.**

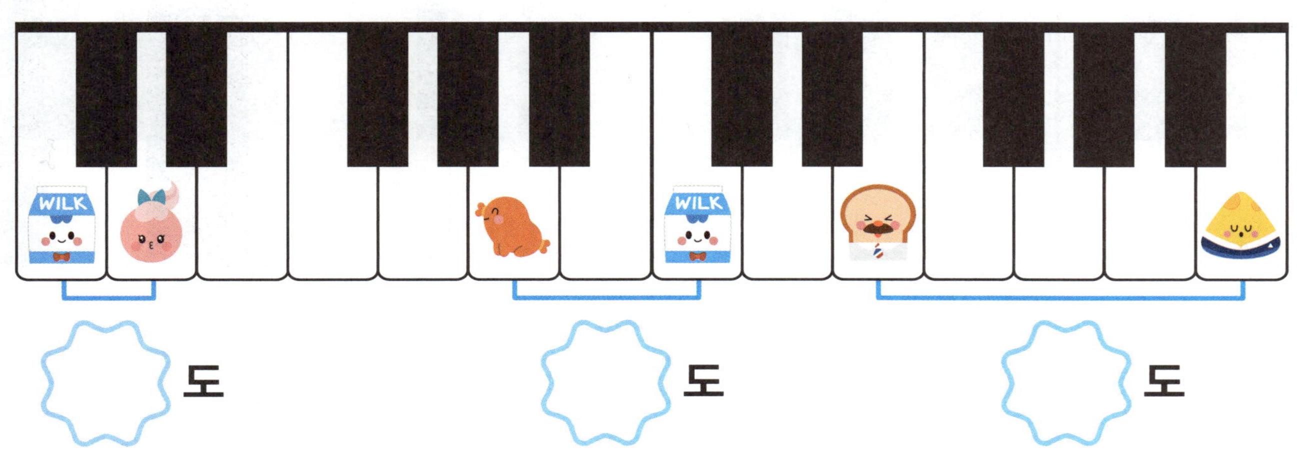

# 옥타브

## 어떤 음의 위나 아래로 8번째 음까지의 거리

☙ ◻️에 색칠한 건반의 계이름을 쓰고, 옥타브 위의 건반을 색칠해 보세요.

레 ◻️ ◻️

☙ ◻️에 색칠한 건반의 계이름을 쓰고, 옥타브 아래의 건반을 색칠해 보세요.

미 ◻️ ◻️

## 옥타브 기호 *8va*, *8vb*

> *8va*
> 한 옥타브 위에서 연주

기호 | 연주하기

> *8vb*
> 한 옥타브 아래에서 연주

계이름을 쓰고, 실제로 연주하기를 그려 보세요.

악보 | 연주하기

도 미

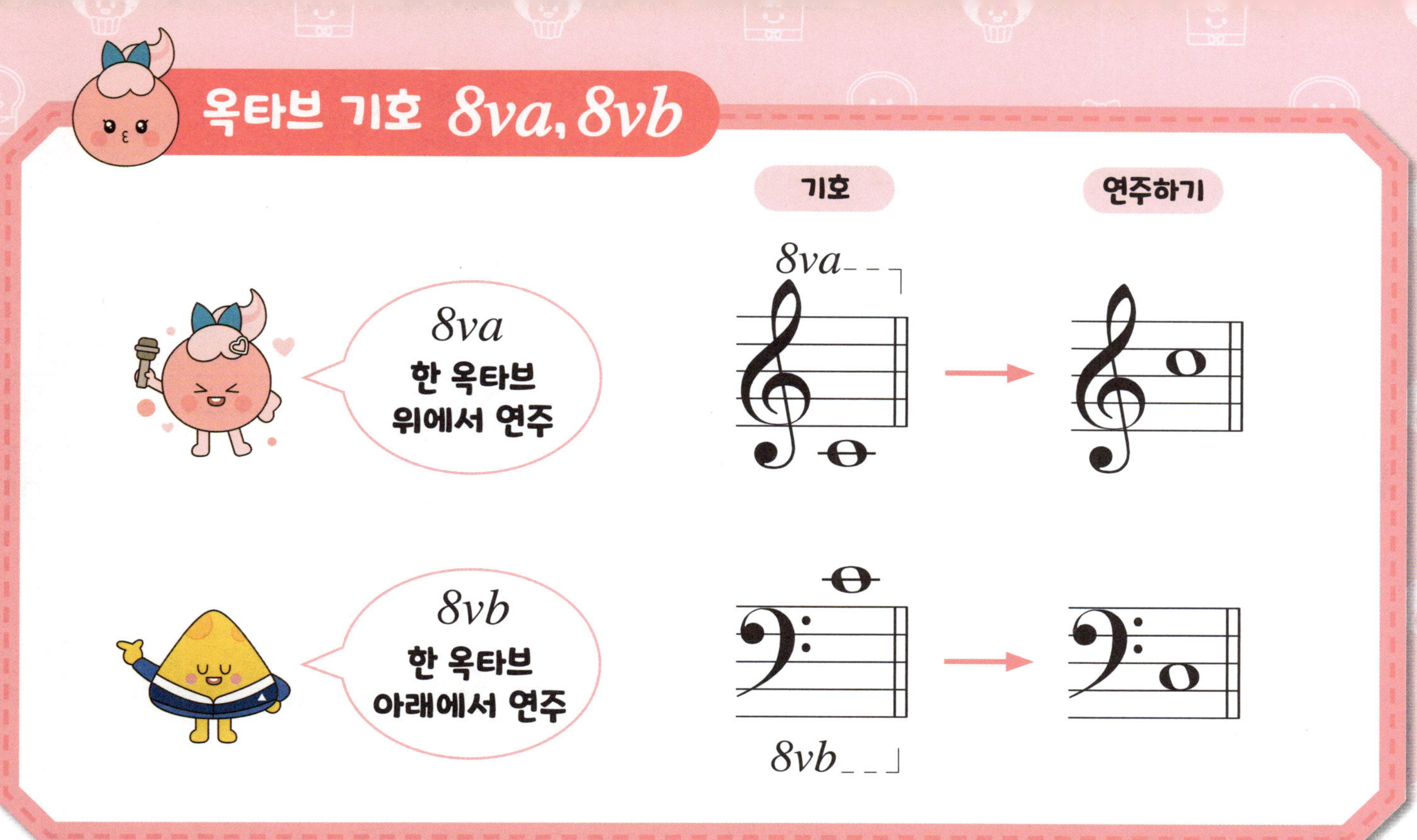

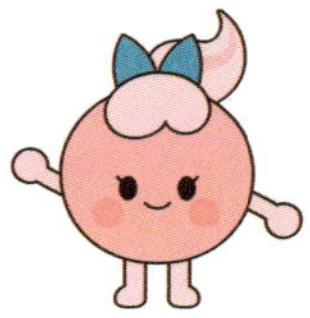

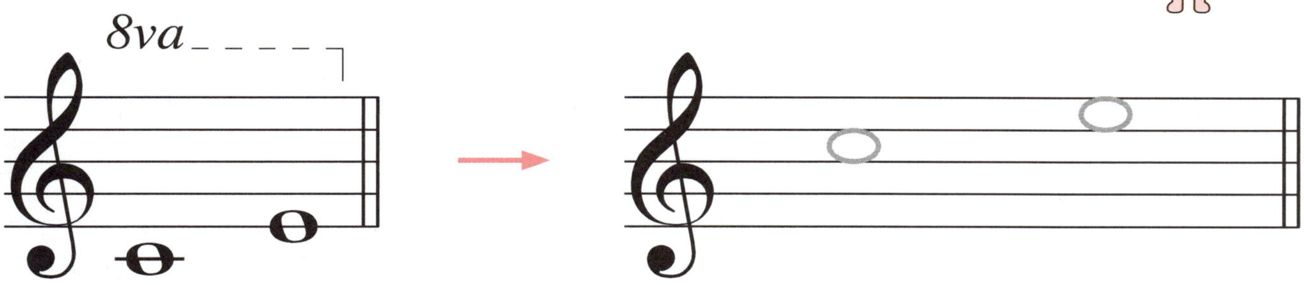

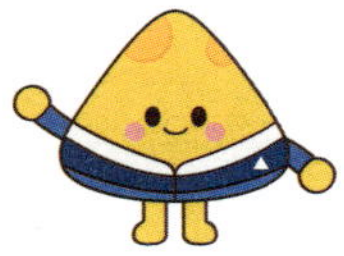

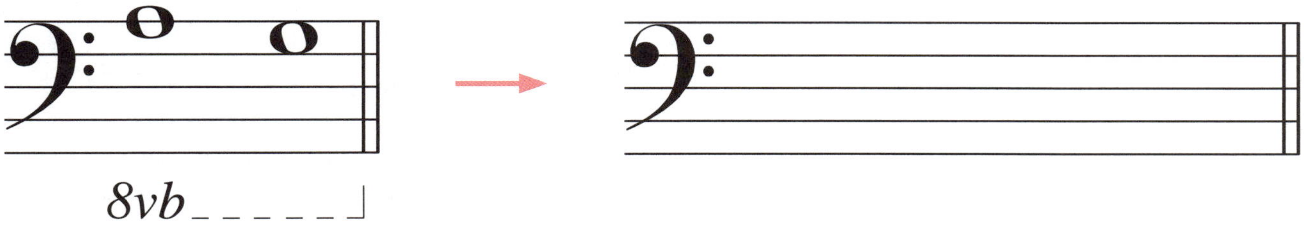

# 계이름을 쓰고, 연주하기를 그려 보세요.

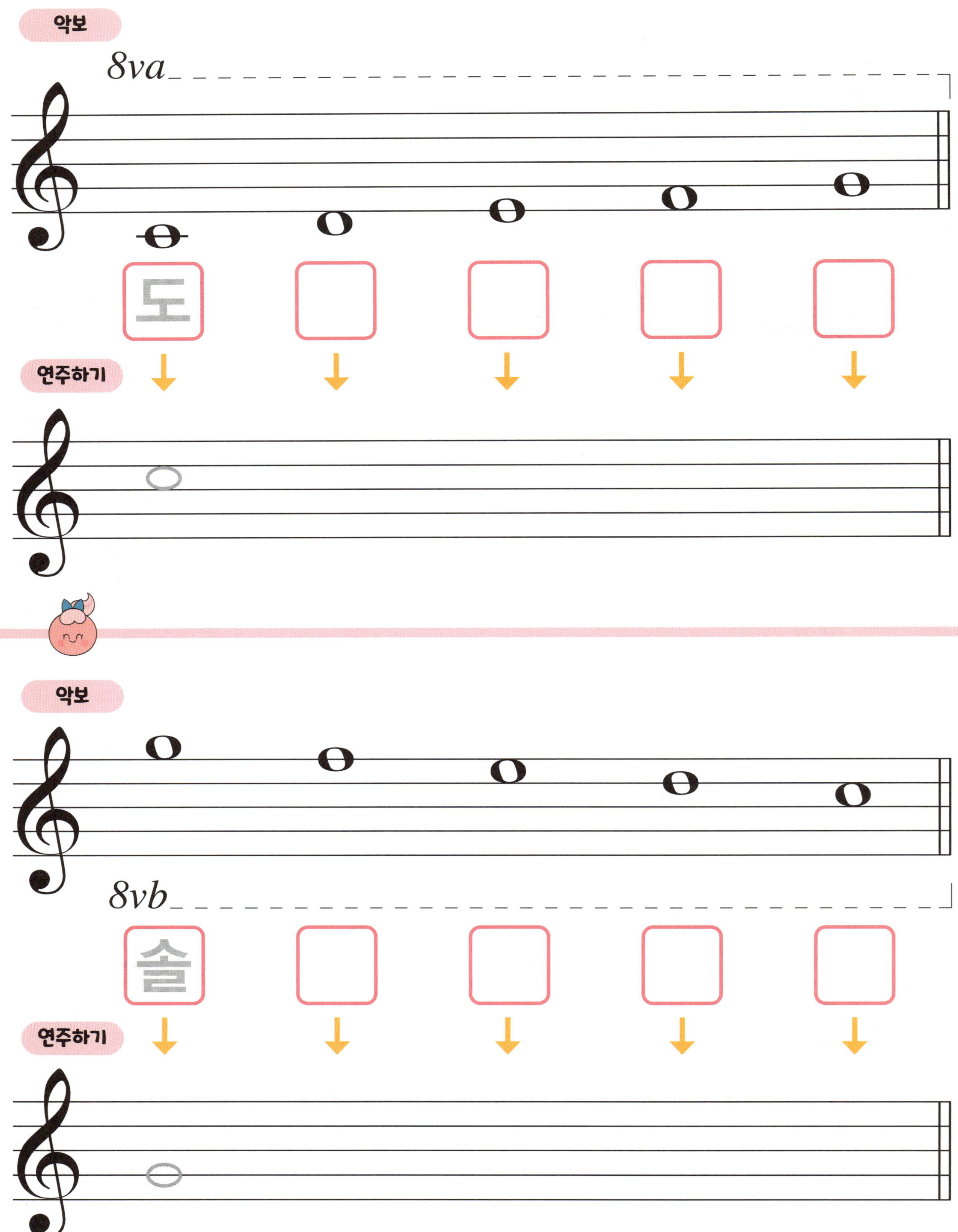

계이름을 쓰고, 연주하기를 그려 보세요.



악보 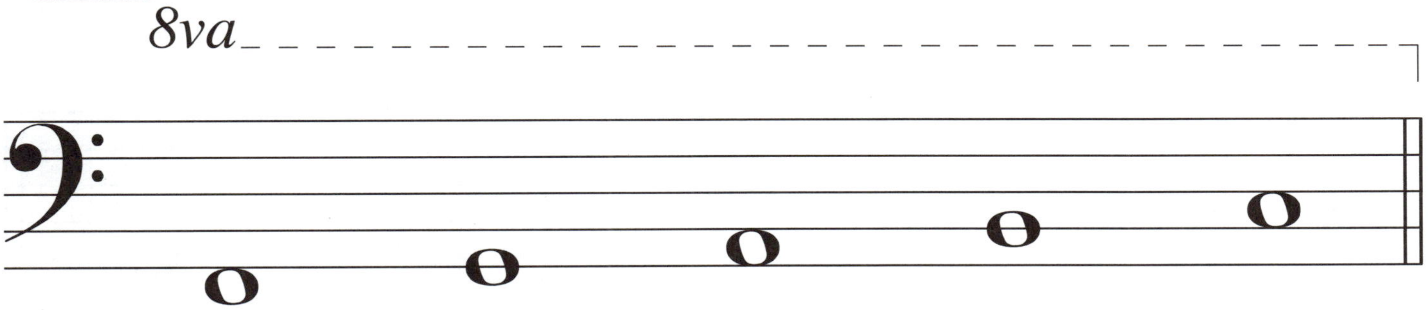
8va
파
연주하기



악보 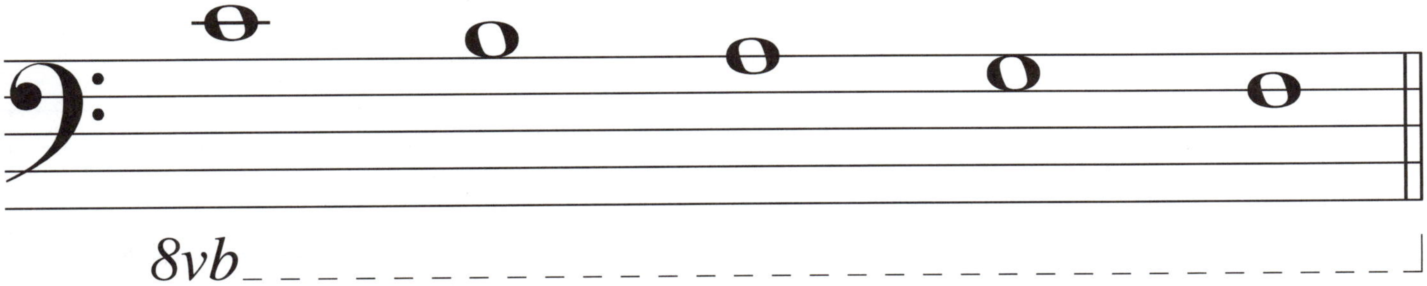
8vb
도
연주하기

게이름을 쓰고, 연주하기를 그려 보세요.

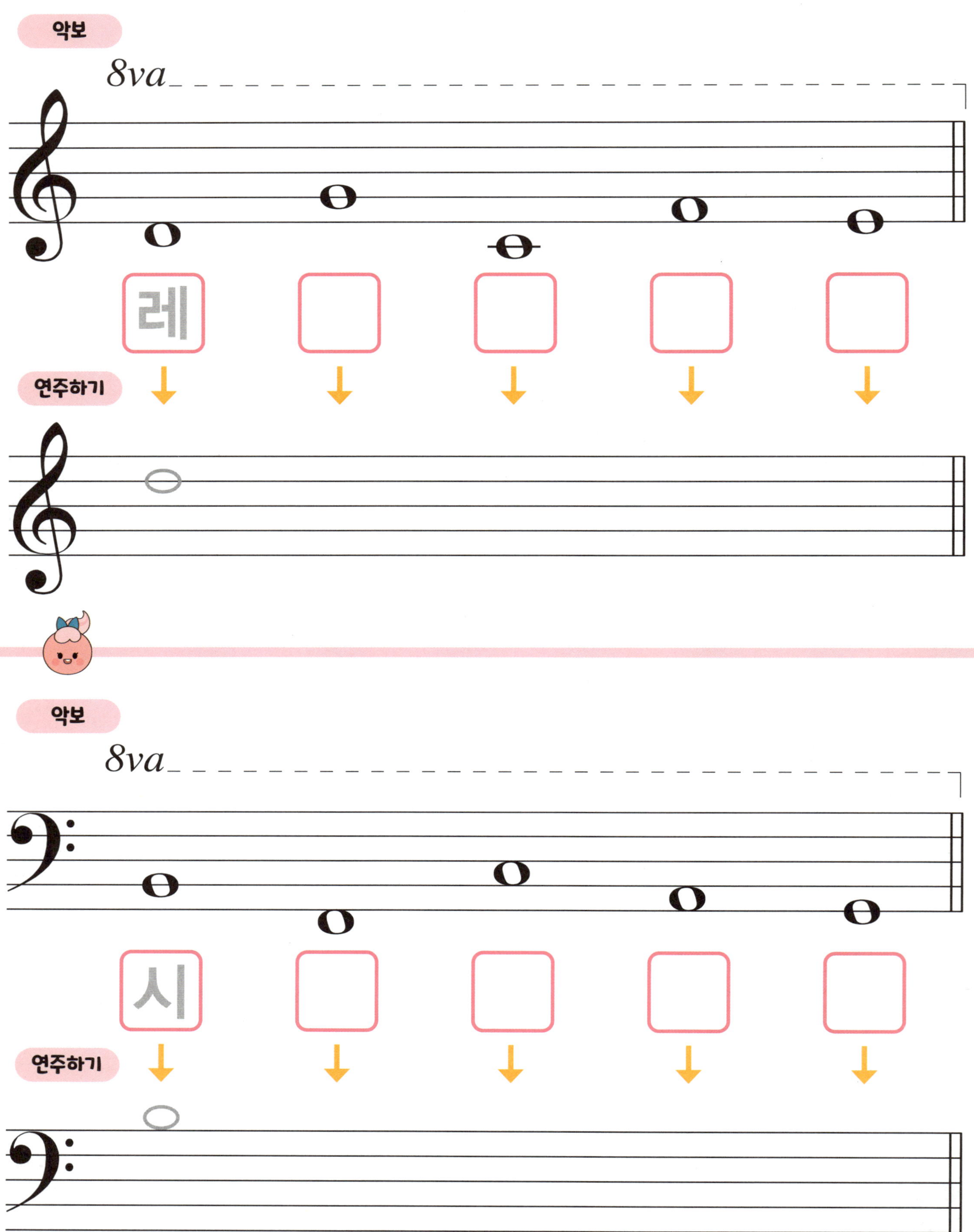
악보
8va
레
연주하기
악보
8va
시
연주하기

브레드와 만날 수 있는 친구를 찾아 ◯ 해 보세요.

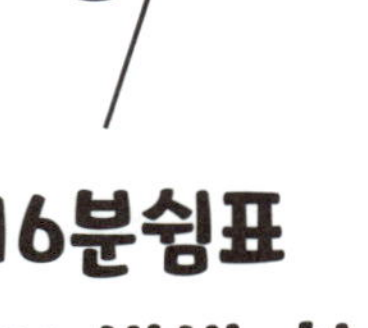

🥨 **따라 써 보세요.**

| 이름 | 16분음표 | 16분쉼표 |
|---|---|---|
| 박의 수 | 반의 반박 | 반의 반박 쉼 |
| 리듬치기 | \ | ' |
| 리듬읽기 | 띠 | 이 |

🥨 **빈칸에 알맞게 써 보세요.**

| 이름 | 16분음표 |  |
|---|---|---|
| 박의 수 |  | 반의 반박 쉼 |
| 리듬치기 | \ |  |
| 리듬읽기 |  | 이 |

🥨 **빈칸에 알맞은 것을 그려 보세요.**

## 16분음표의 기

16분음표끼리는 어깨동무를 해서 연결할 수 있어요!
연결하는 줄을 **기** 라고 해요!

**그리는 순서**

🥨 16분음표의 기를 연결해서 그려 보세요.

🥨 빈칸에 알맞은 것을 그려 보세요.

음표 박의 수가 점점 짧아지도록 꼬리를 따라 그려 보세요.

음표 박의 수가 점점 길어지도록 기둥과 꼬리를 따라 그려 보세요.

빈칸에 알맞은 음표를 그려 보세요.



리듬 악보를 보고, 브레드가 말하는 순서대로 해 보세요.


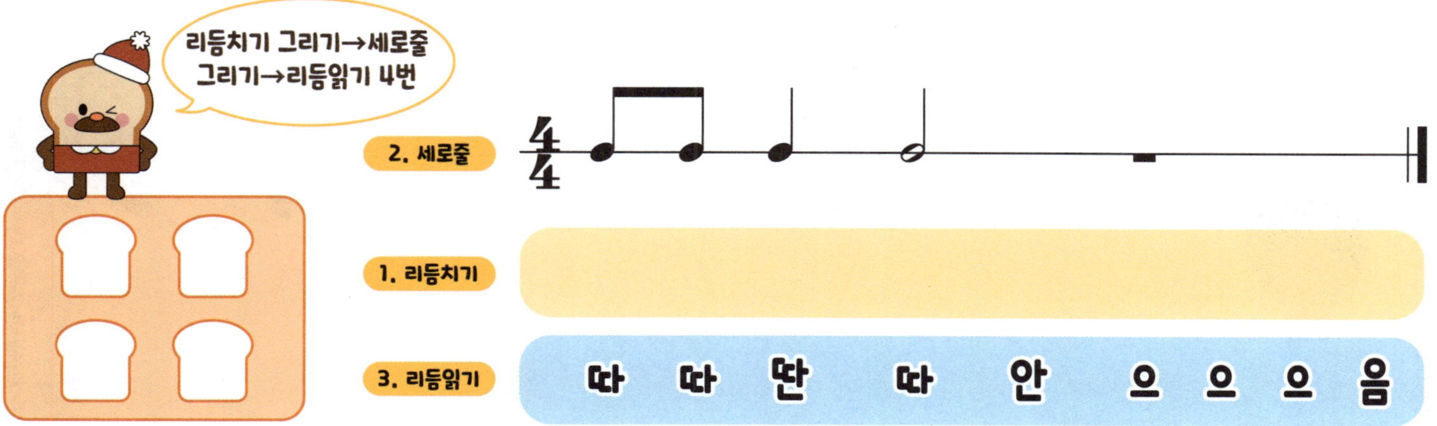

리듬치기 그리기→세로줄
그리기→리듬읽기 4번
2. 세로줄
1. 리듬치기
3. 리듬읽기
따  따  딴  따  안  으  으  으  음

음표
초코가 음표를 반으로 나누고 있어!
온음표
2분음표
4분음표
8분음표
16분음표
36

빈칸에 알맞은 음표를 그려 보세요.

온음표

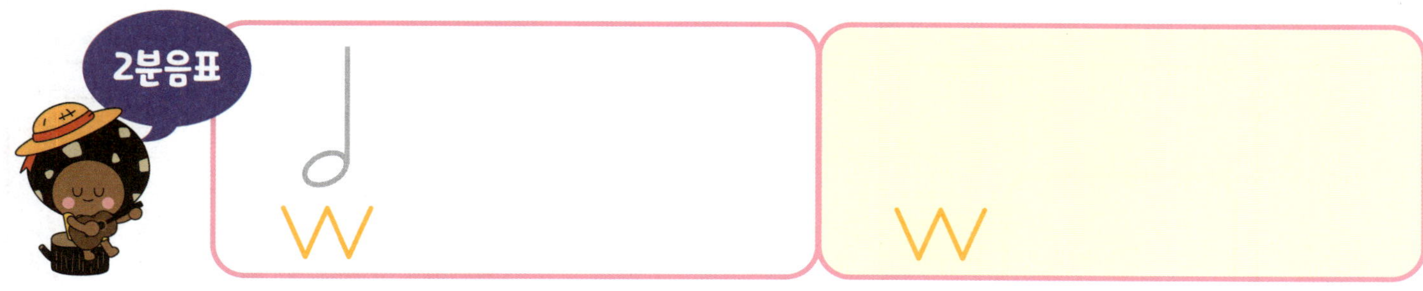
2분음표

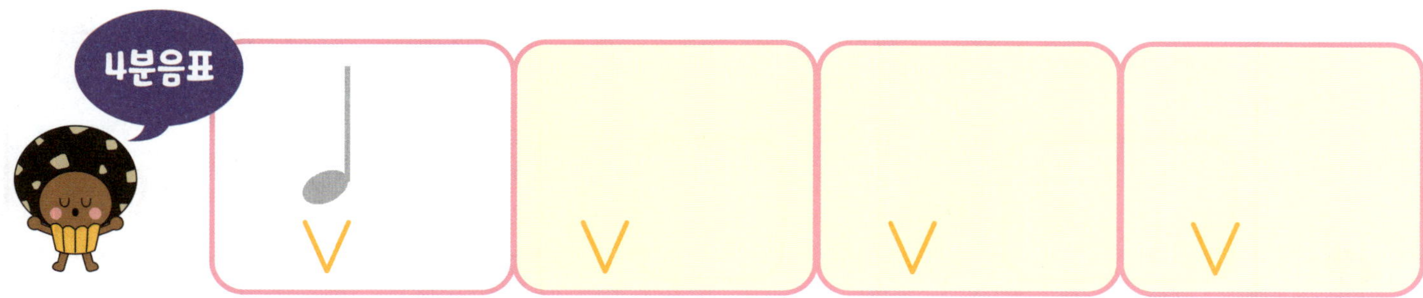
4분음표

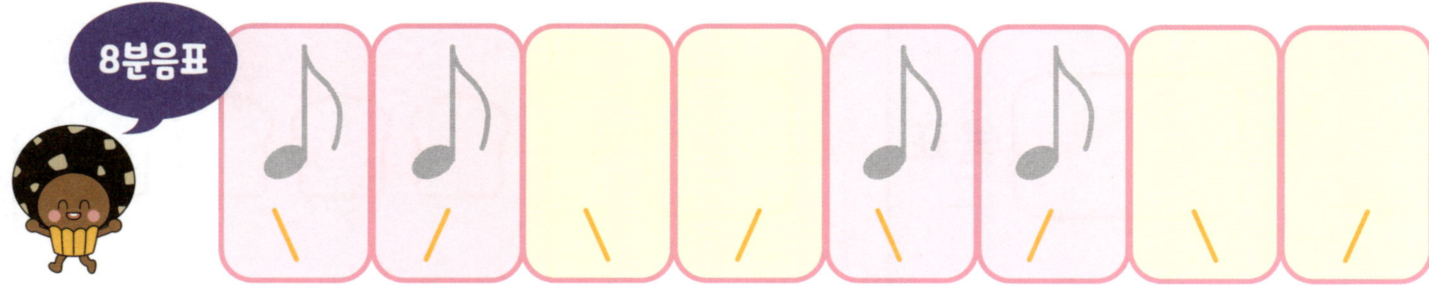
8분음표

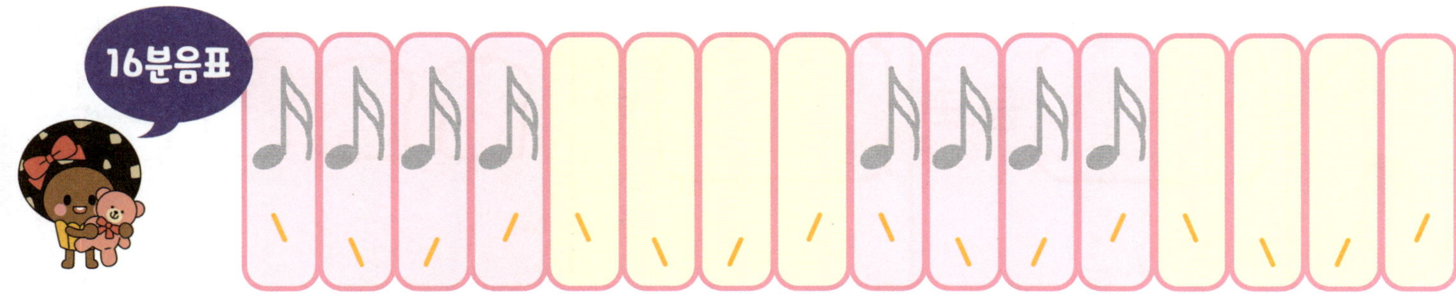
16분음표

| 음표 | 이름 | 박의 수 | 박의 수 색칠하기 |
|---|---|---|---|
| o | 온 음표 | 4 박 | |
| ♩ | 음표 | 박 | |
| ♩ | 음표 | 박 | |
| ♪ | 음표 | 박 | |
| ♫ | 음표 | 박 | |

| 음표 | 이름 | 박의 수 | 리듬치기 |
|---|---|---|---|
| ◯ | 온음표 | 4 박 | |
| | 2분음표 | 박 | |
| | 4분음표 | 박 | |
| | 8분음표 | 박 | |
| | 16분음표 | 박 | |

초코가 쉼표를
반으로 나누고
있어!
온쉼표
2분쉼표
4분쉼표
8분쉼표
16분쉼표

온쉼표

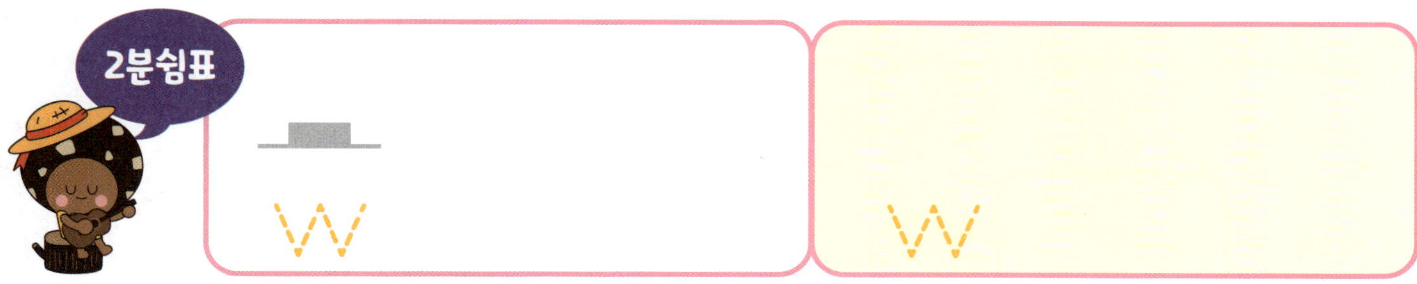
2분쉼표

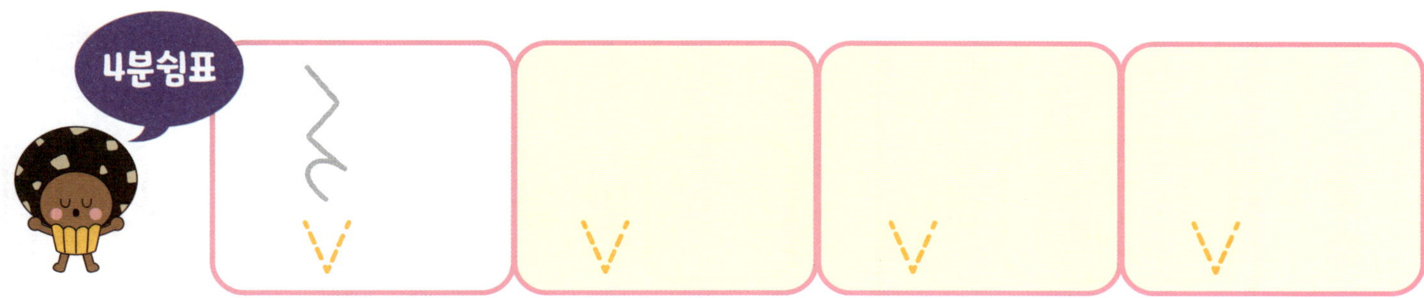
4분쉼표

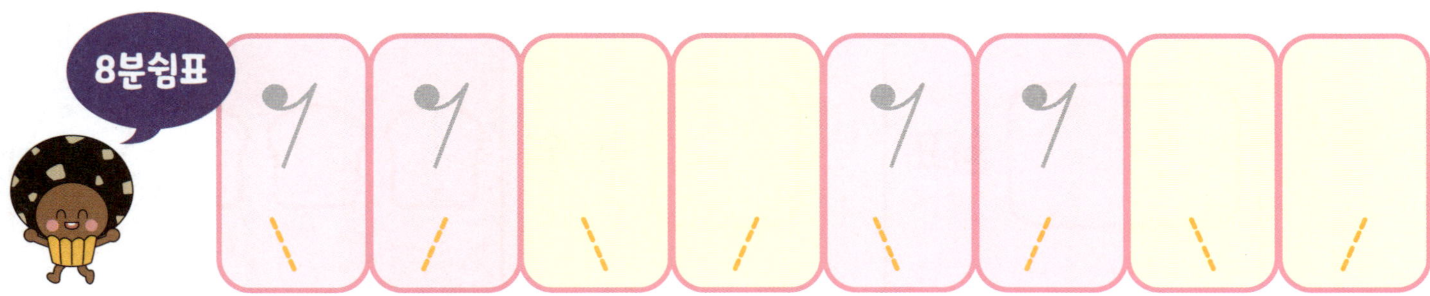
8분쉼표

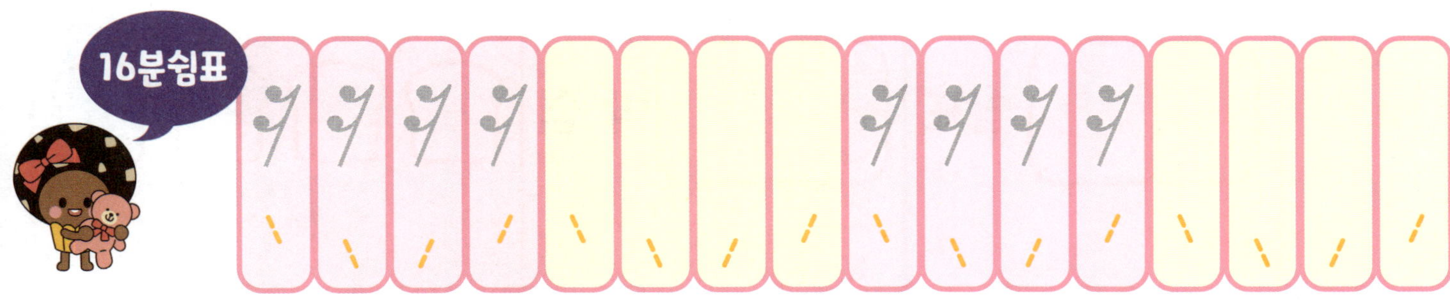
16분쉼표

빈칸에 알맞게 쓰고, 박의 수만큼 색칠해 보세요.

| 쉼표 | 이름 | 박의 수 | 박의 수 색칠하기 |
| --- | --- | --- | --- |
| ▬ | 온 쉼표 | 4 박 쉼 | |
| ▬ | 쉼표 | 박 쉼 | |
| ⅄ | 쉼표 | 박 쉼 | |
| ૧ | 쉼표 | 박 쉼 | |
| ૧ | 쉼표 | 박 쉼 | |

| 쉼표 | 이름 | 박의 수 | 리듬치기 |
|---|---|---|---|
|  | 온쉼표 | 4 박 쉼 |  |
|  | 2분쉼표 | 박 쉼 |  |
|  | 4분쉼표 | 박 쉼 |  |
|  | 8분쉼표 | 박 쉼 |  |
|  | 16분쉼표 | 박 쉼 |  |

빈칸에 알맞은 음표를 그려 보세요.

44

🥨 빈칸에 알맞은 쉼표를 그려 보세요.

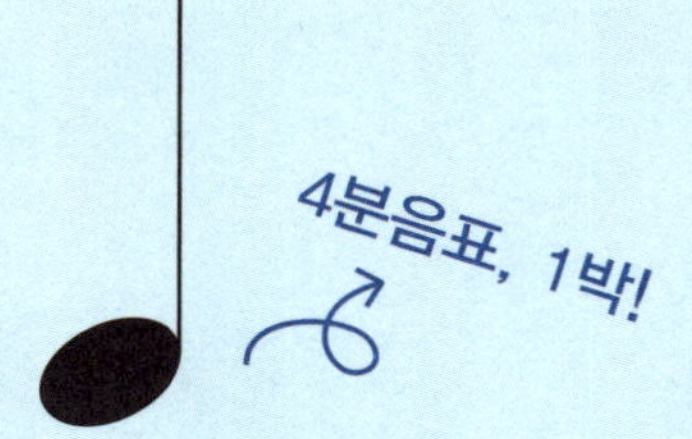


이 음표의 이름이 4분음표라는 건
이제 다들 알고 있지?
4분음표는 1박이라서
사과 1개를 먹을 수가 있어!

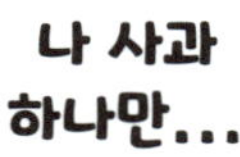


어느 날, 4분음표한테 작은 점( . )
하나가 찾아와서는 4분음표가
먹는 사과 하나를 달라는거야!

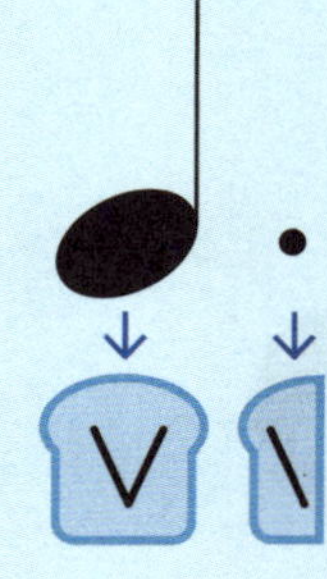

4분음표는 작은 점에게
가방에 있던 사과를 하나 꺼내서 반으로 잘라
반쪽만 점에게 건네 주었어!

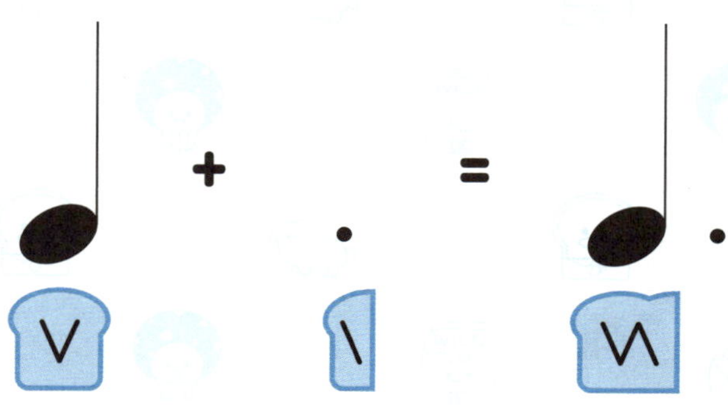

이 소문을 들은 작은 점들은
사과를 먹는 음표 옆에서 항상
음표가 먹은 사과의 반 만큼
먹을 수 있다는 걸 알게 되었어!
WILK
4분음표
1박
점4분음표
1박 반
2분음표
2박
점2분음표
3박
8분음표
반박
점8분음표
반박 반

| 이름 | 점4분음표<br>1박 반 | 점4분쉼표<br>1박 반 쉼 |
|---|---|---|
| 박의 수 |  |  |
| 리듬치기 | ∨ | ∧ |
| 리듬읽기 | 따은 | 음으 |
| 그리는 순서 | ○ → ● → ♩ → ♩. | ` → ♪ → ♪ → ♪. |

🥨 **따라 써 보세요.**

| 이름 | 점4분음표 | 점4분쉼표 |
|---|---|---|
| 박의 수 | 1박 반 | 1박 반 쉼 |
| 리듬치기 | ∨ | ∧ |
| 리듬읽기 | 따은 | 음으 |

🥨 **빈칸에 알맞게 써 보세요.**

| 이름 |  |  |
|---|---|---|
| 박의 수 | 1박 반 |  |
| 리듬치기 |  | ∧ |
| 리듬읽기 | 따은 |  |

🥨 **내려가는 영어 음이름을 써 보세요.**

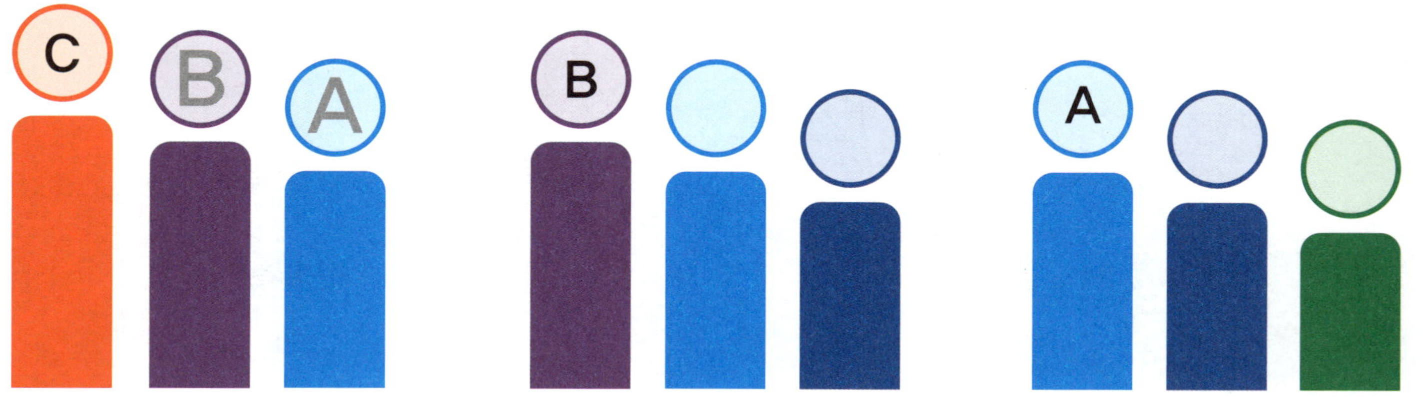

| 이름 | 점8분음표 | 점8분쉼표 |
|---|---|---|
| 박의 수 | 반박 반 | 반박 반 쉼 |
| 리듬치기 | V | ↘ |
| 리듬읽기 | 땃 | 웃 |
| 그리는 순서 | ○ → ♩ → ♪ → ♪ → ♪. | ○ → • → ⌐ → 𝄽 → 𝄽. |

🥨 **따라 써 보세요.**

| 이름 | 점8분음표 | 점8분쉼표 |
|---|---|---|
| 박의 수 | 반박 반 | 반박 반 쉼 |
| 리듬치기 | V | ↘ |
| 리듬읽기 | 땃 | 웃 |

🥨 **빈칸에 알맞게 써 보세요.**

| 이름 | | |
|---|---|---|
| 박의 수 | 반박 반 | |
| 리듬치기 | | ↘ |
| 리듬읽기 | 땃 | |

🥨 **내려가는 영어 음이름을 써 보세요.**

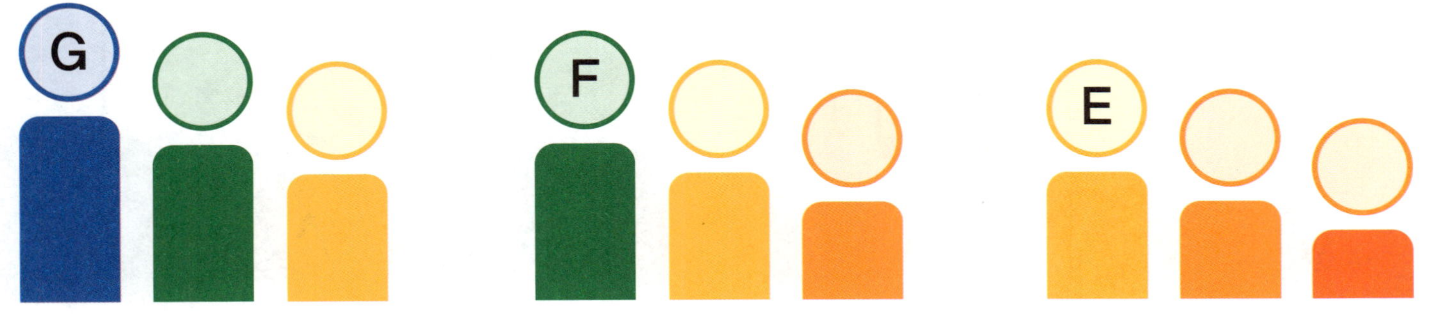

빈칸에 알맞은 음표를 그려 보세요.

**8분음표**　　　　**점8분음표**

🥨 **빈칸에 알맞은 음표를 그려 보세요.**

🥨 **음표의 이름과 리듬치기를 써 보세요.**

| | 이름 | 점4분음표 |
|---|---|---|
| | 리듬치기 | ∨ |

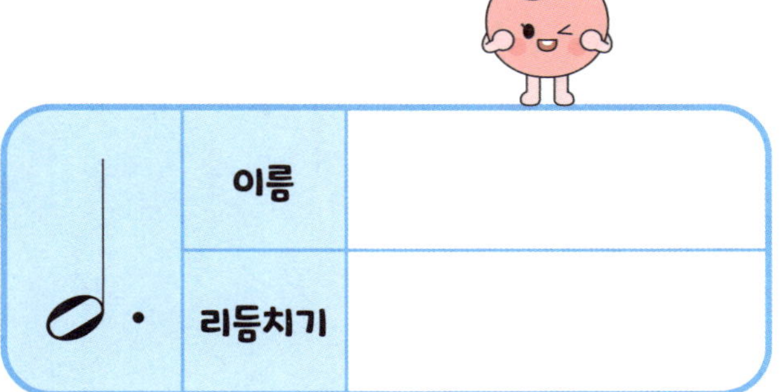

| | 이름 | |
|---|---|---|
| | 리듬치기 | |

| | 이름 | |
|---|---|---|
| | 리듬치기 | |

##  점쉼표

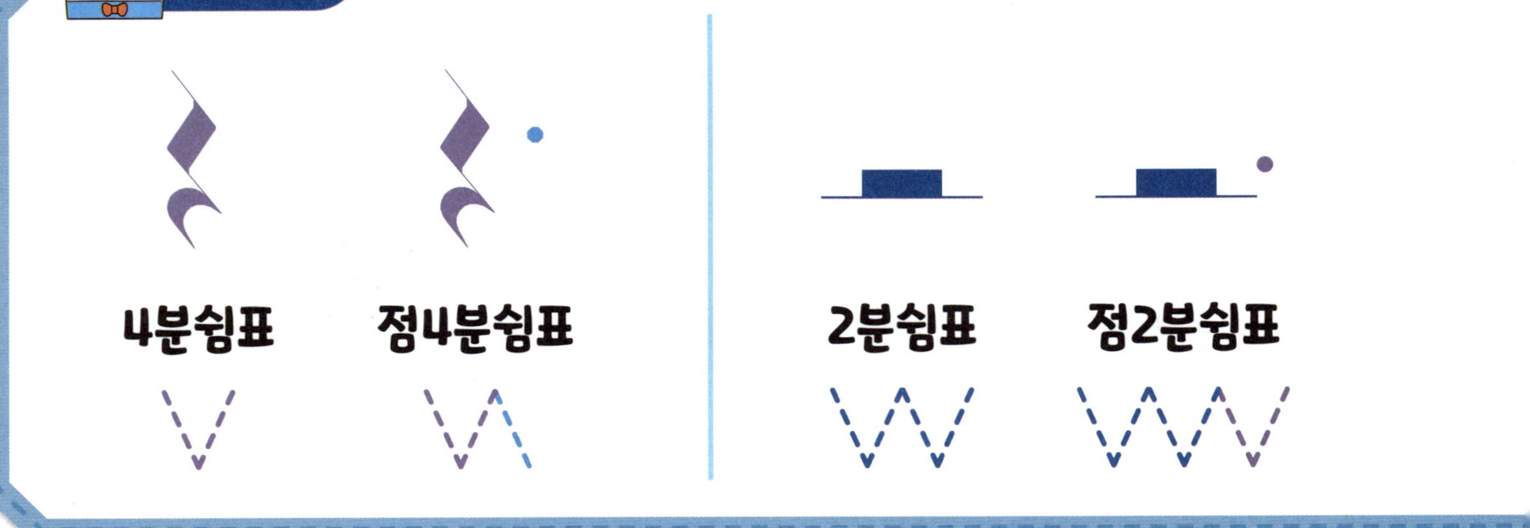

| 4분쉼표 | 점4분쉼표 | 2분쉼표 | 점2분쉼표 |

 빈칸에 알맞은 쉼표를 그려 보세요.

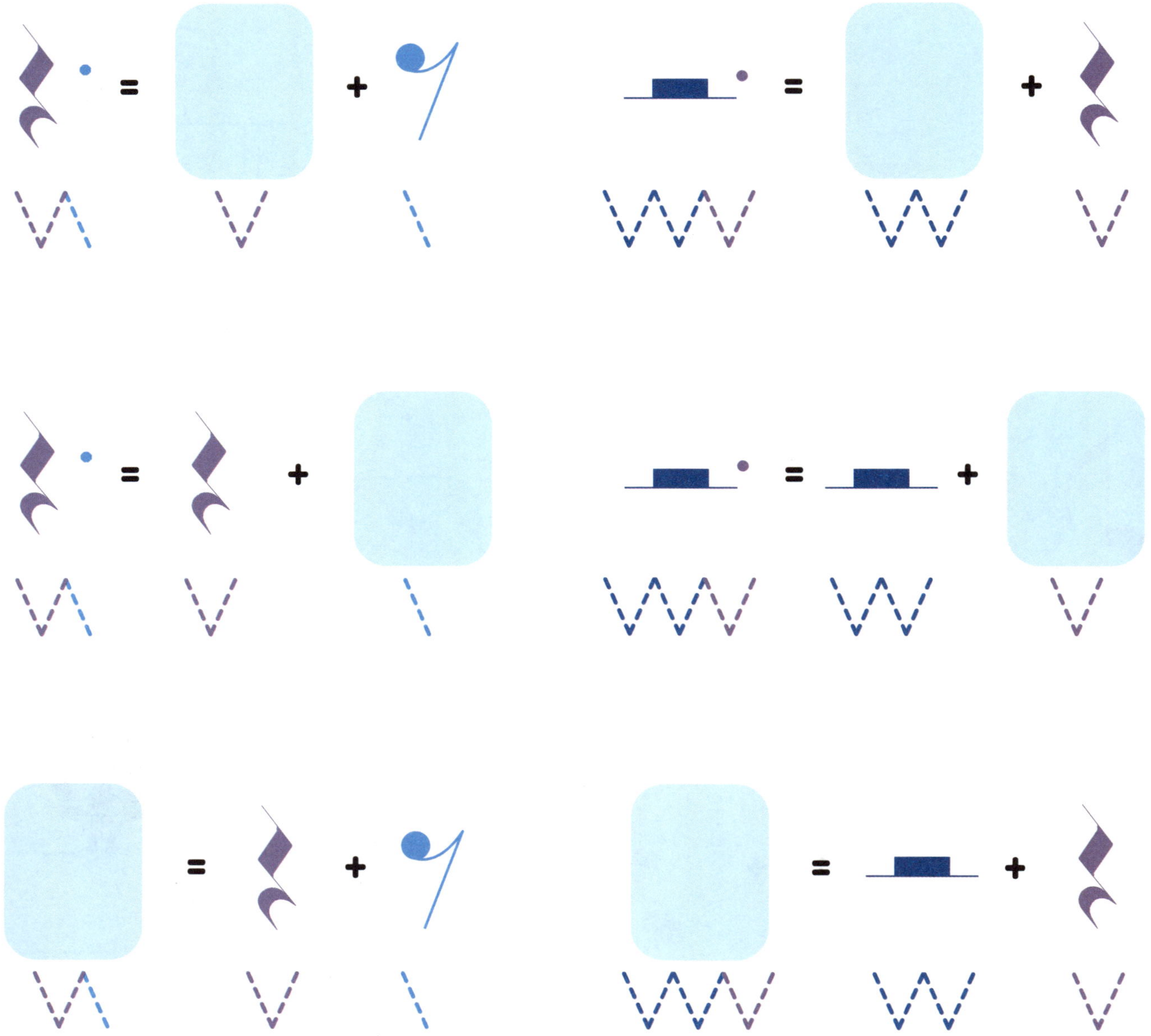

8분쉼표　　　　점8분쉼표

🥨 **빈칸에 알맞은 쉼표를 그려 보세요.**

🥨 **쉼표의 이름과 리듬치기를 써 보세요.**

| | 이름 | 점4분쉼표 |
|---|---|---|
| | 리듬치기 | |

| | 이름 | |
|---|---|---|
| | 리듬치기 | |

| | 이름 | |
|---|---|---|
| | 리듬치기 | |

🥛 친구들이 들고 있는 음표 카드를 보고 알맞게 연결해 보세요.

리듬표 〰️와 같은 박의 음표 카드를 들고 있는 친구는 누구일까요?

4분음표 카드를 들고 있는 친구는 누구일까요?

길이가 가장 짧은 음표 카드는 누구일까요?

길이가 가장 긴 음표 카드는 누구일까요?

반박인 음표 카드를 들고 있는 친구는 누구일까요?

브레드를 예쁘게 색칠해 보세요.

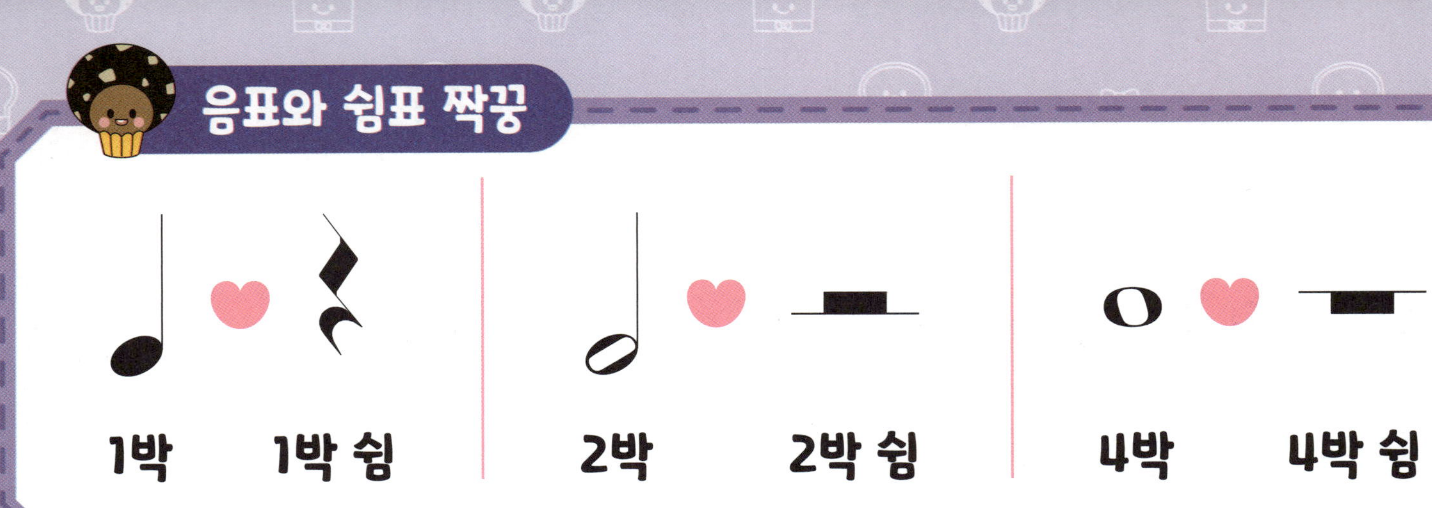

 박의 수를 써 보세요.

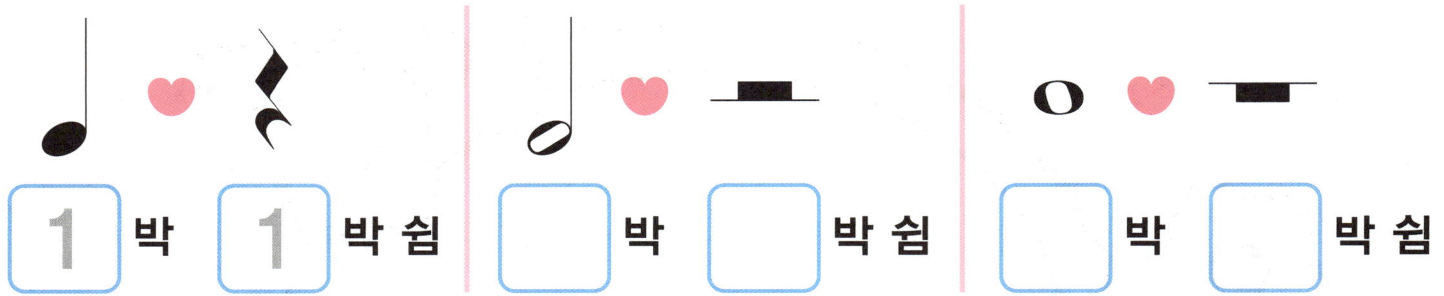


🥨 음표를 보고 짝꿍 쉼표를 그려 보세요.

🥨 쉼표를 보고 짝꿍 음표를 그려 보세요.

## 박의 수를 써 보세요.

## 음표를 보고 짝꿍 쉼표를 그려 보세요.

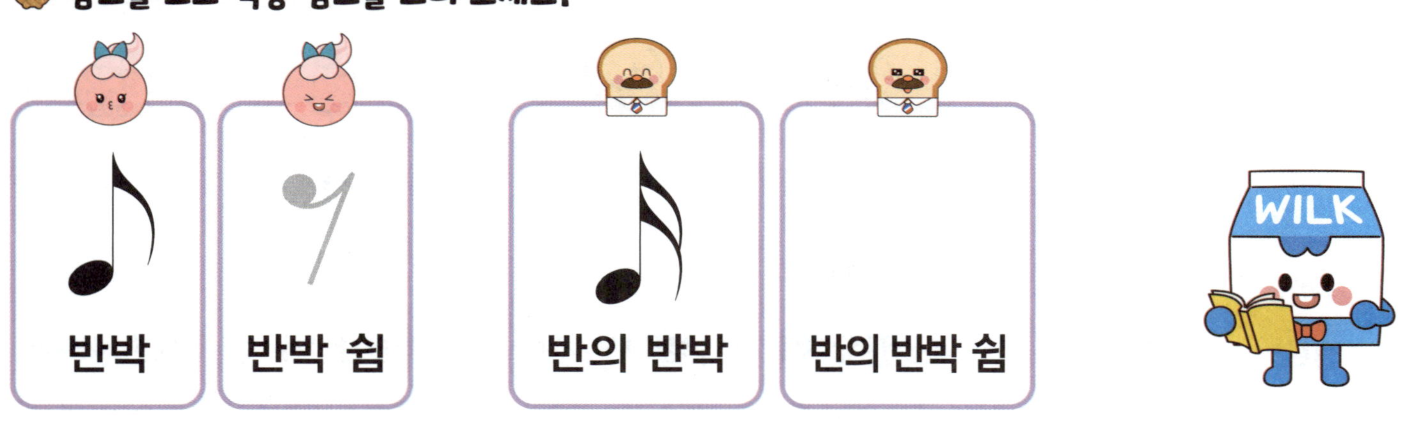


## 쉼표를 보고 짝꿍 음표를 그려 보세요.

## 점음표와 점쉼표 짝꿍

3박 3박 쉼 | 1박 반 1박 반 쉼 | 반박 반 반박 반 쉼

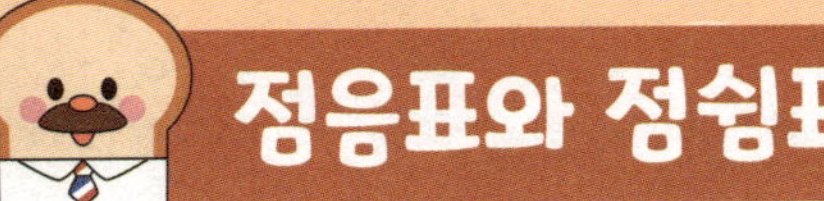

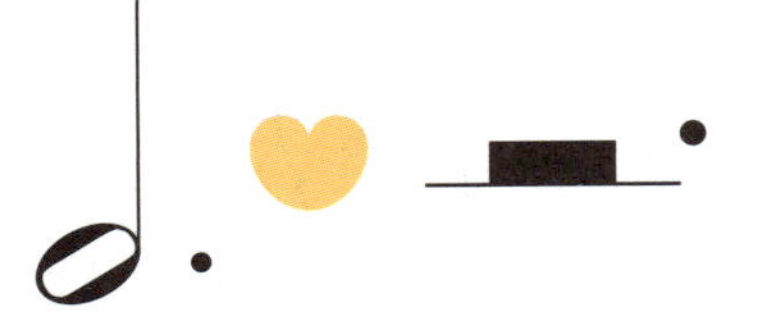

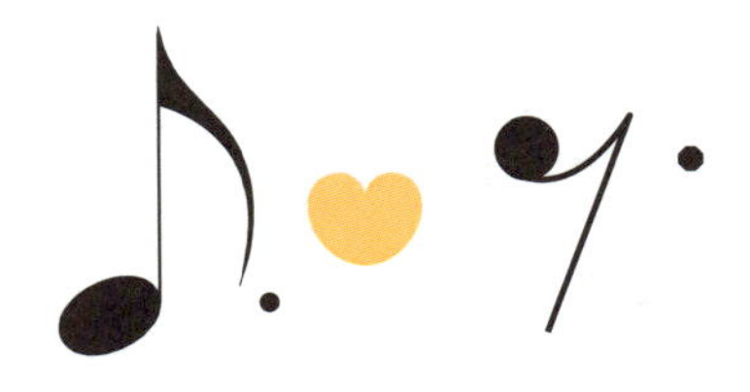

### 박의 수를 써 보세요.

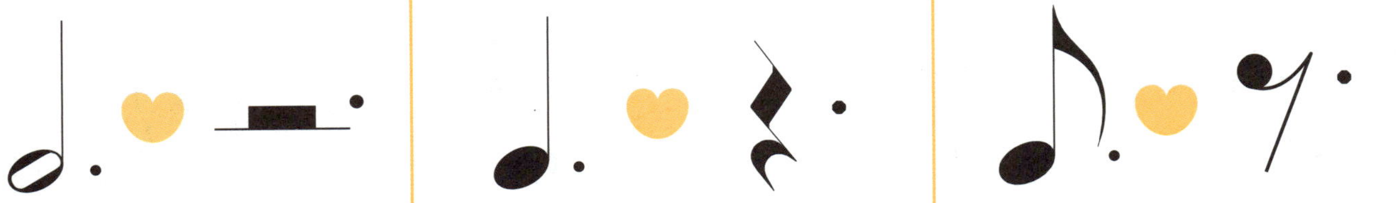

☐ 박 ☐ 박 쉼 | ☐ 박 반 ☐ 박 반 쉼 | ☐ 박 반 ☐ 박 반 쉼

### 음표를 보고 짝꿍 쉼표를 그려 보세요.

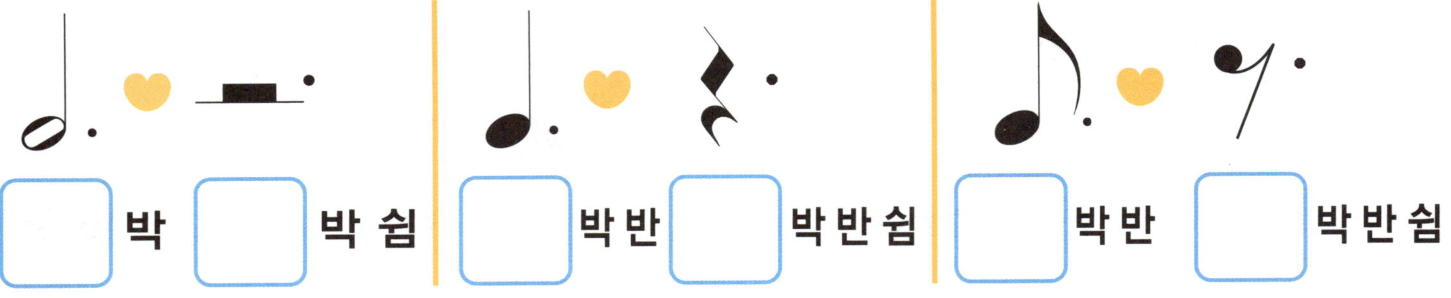

### 쉼표를 보고 짝꿍 음표를 그려 보세요.

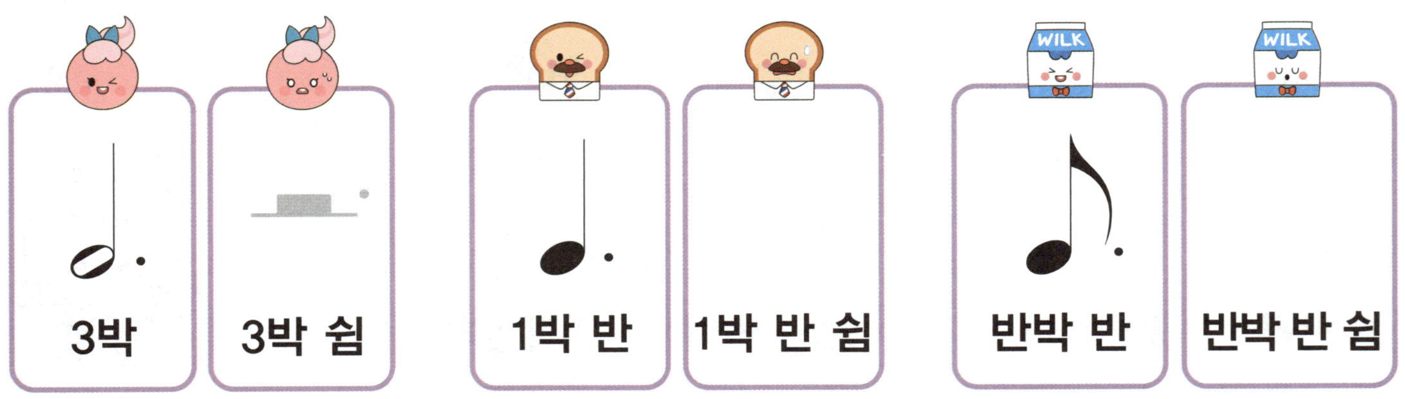

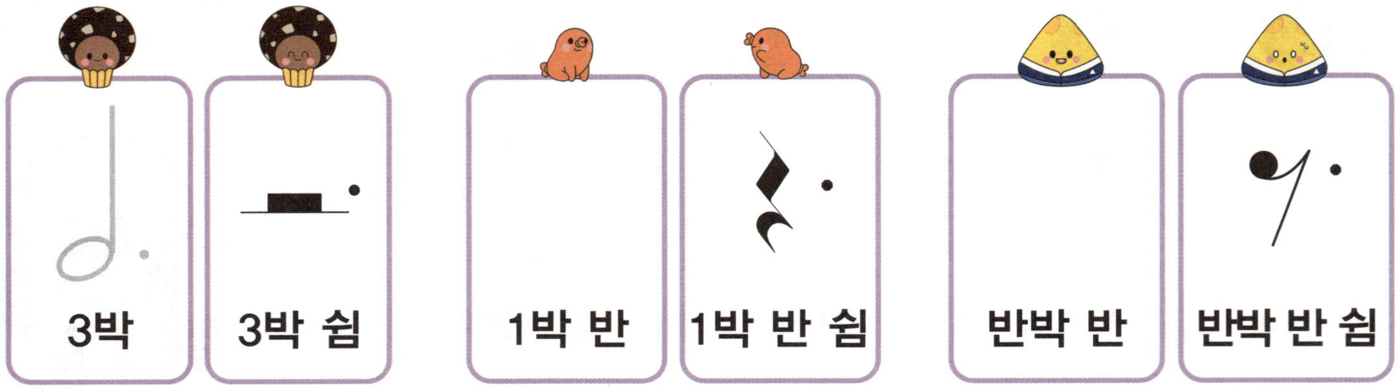

음표와 쉼표의 짝꿍끼리 연결해 보세요.
WILK
WILK


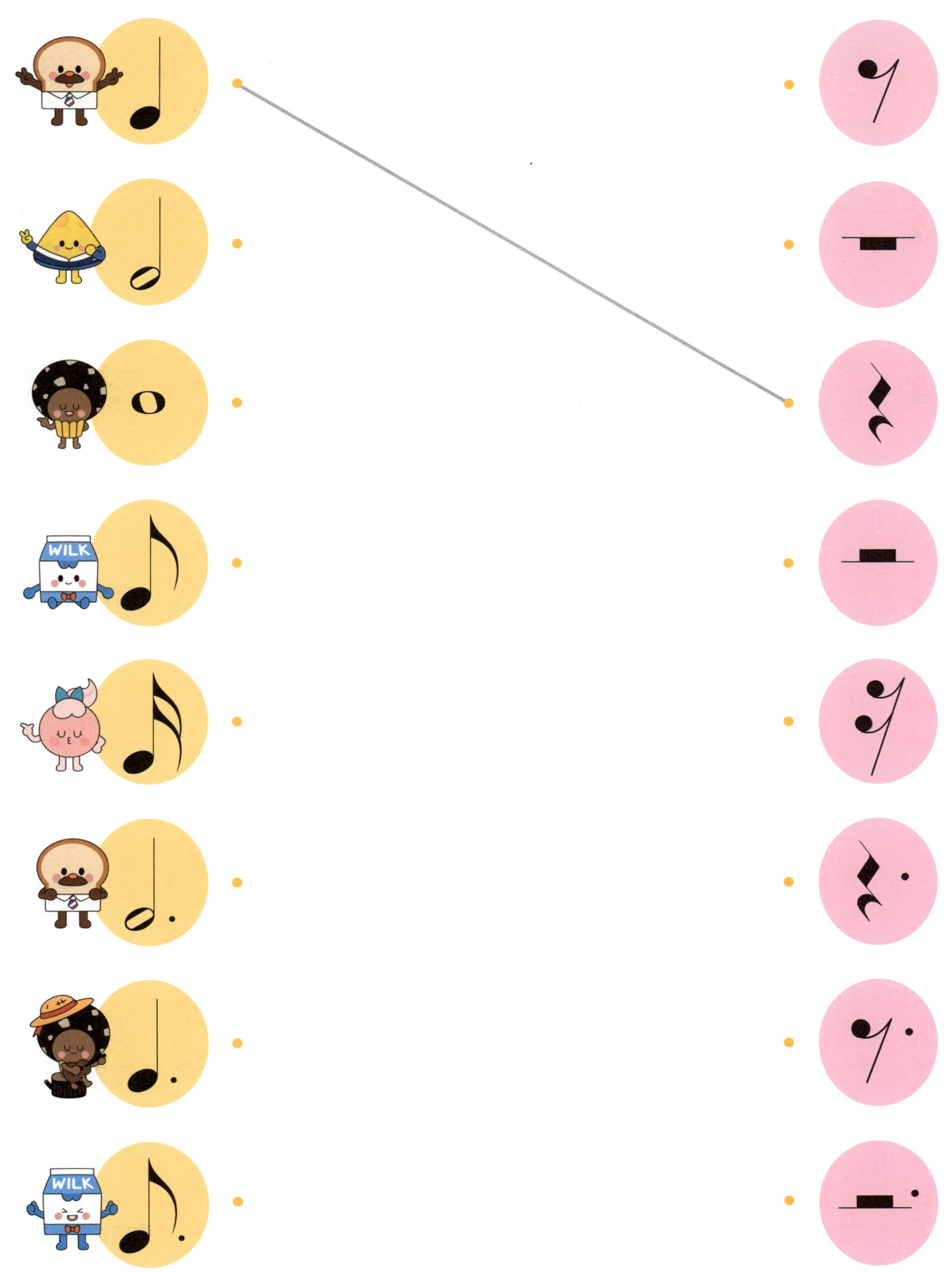

리듬 악보를 보고, 짝꿍 쉼표와 음표를 그려 보세요.

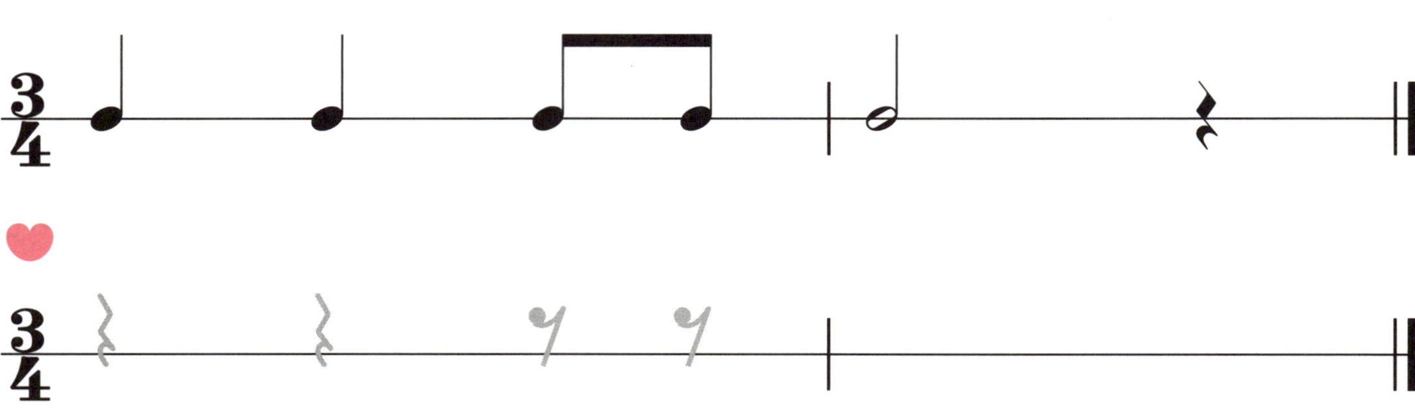

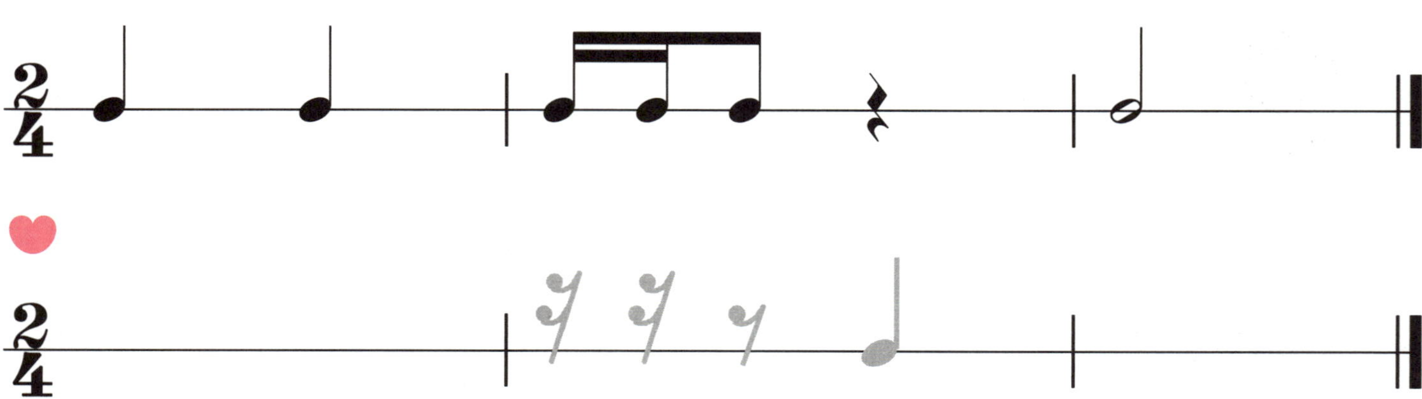

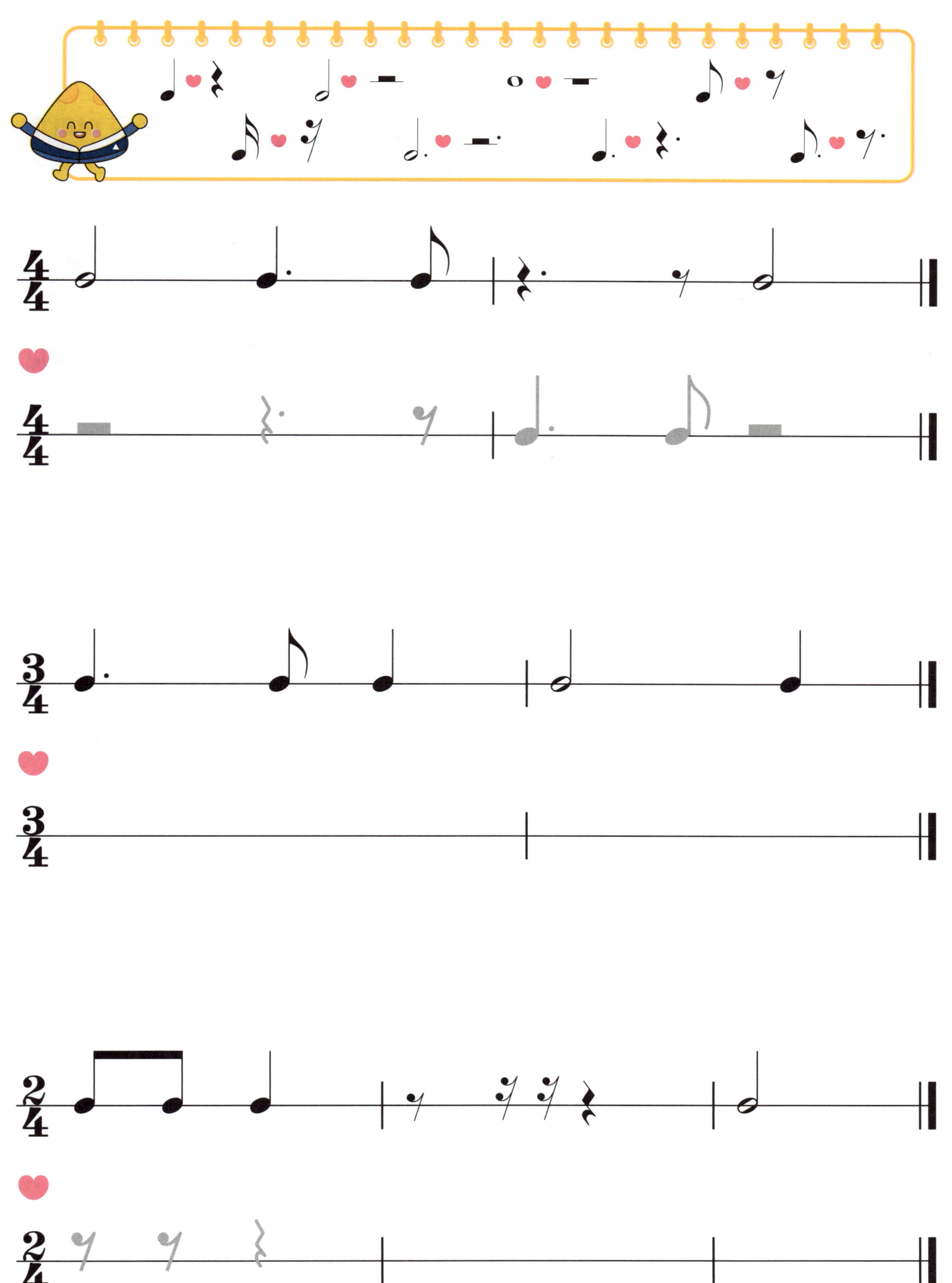

| | | | | |
|---|---|---|---|---|
| 연주하기 | 매우 여리게 | 여리게 | 조금 여리게 | |
| | $pp$ | $p$ | $mp$ | |
| 이름 | 피아니시모 | 피아노 | 메조 피아노 | |

🥨 셈여림표를 따라 그리고, 빈칸에 알맞게 써 보세요.

| 셈여림표 | 이름 | 연주하기 |
|---|---|---|
| $f\!f$ | | 매우 세게 |
| $f$ | 포르테 | |
| $mf$ | | 조금 세게 |
| $mp$ | 메조 피아노 | |
| $p$ | | 여리게 |
| $pp$ | 피아니시모 | |

| 조금 세게 | 세게 | 매우 세게 |
|---|---|---|
| *mf* | *f* | *ff* |
| 메조 포르테 | 포르테 | 포르티시모 |

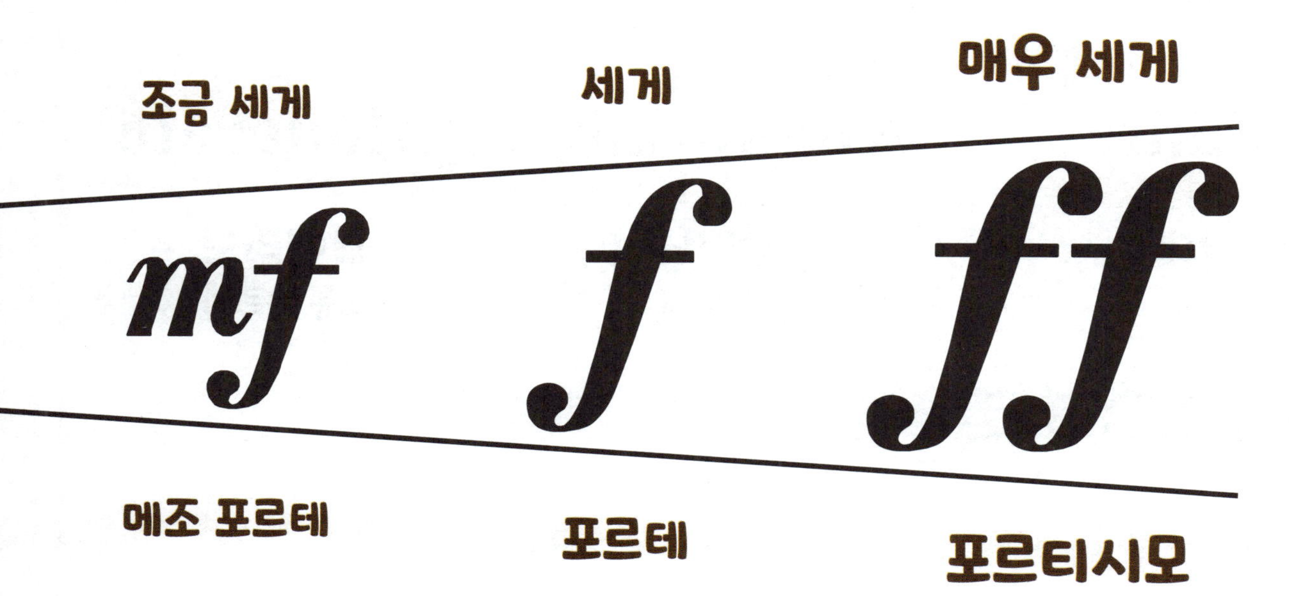

알맞은 것끼리 연결해 보세요.

| | | |
|---|---|---|
| *ff* | 메조 포르테 | 매우 세게 |
| *f* | 포르티시모 | 세게 |
| *mf* | 포르테 | 조금 세게 |
| *mp* | 피아노 | 조금 여리게 |
| *p* | 메조 피아노 | 매우 여리게 |
| *pp* | 피아니시모 | 여리게 |

| Andante | Andantino | Moderato |
|---|---|---|
| 읽기 **안단테** | **안단티노** | **모데라토** |
| 연주하기 느리게 | 조금 느리게 | 보통 빠르게 |

🥨 빈칸에 알맞게 써 보세요.

| 빠르기말 | 읽기 | 연주하기 |
|---|---|---|
| Andante | 안단테 | |
| Andantino | | 조금 느리게 |
| Moderato | 모데라토 | |
| Allegretto | | 조금 빠르게 |
| Allegro | 알레그로 | |

 브레드이발소

## Allegretto
### 알레그레토
조금 빠르게

## Allegro
### 알레그로
빠르게

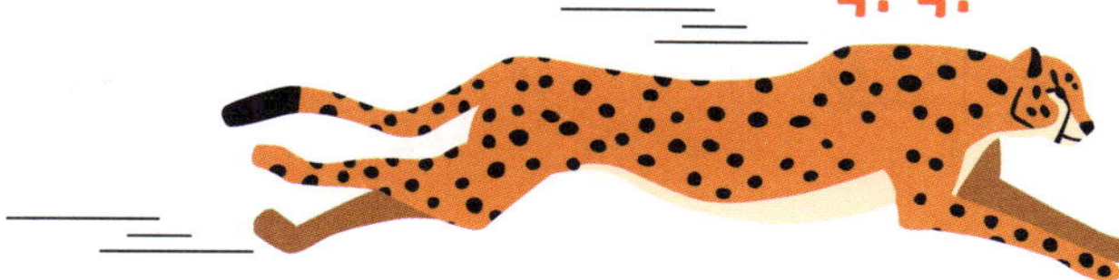


🥨 알맞은 것끼리 연결해 보세요.

| | | |
|---|---|---|
| **Andante** |  조금 느리게 | 안단티노 |
| **Andantino** | 느리게 | 모데라토 |
| **Moderato** |  조금 빠르게 | 알레그로 |
| **Allegretto** | 빠르게 | 알레그레토 |
| **Allegro** | 보통 빠르게 | 안단테 |

셈여림표 중 가장 **작은 소리**를 말하는 친구에 ◯ 해 보세요.

다음 중 가장 **느리게** 연주하는 빠르기말을 하고 있는 친구를 색칠해 보세요.

🥨 셈여림표 중 가장 **큰 소리**를 말하는 친구에 ⬭ 해 보세요.

🥨 다음 중 가장 **빠르게** 연주하는 빠르기말을 하고 있는 친구를 색칠해 보세요.

알맞은 뜻을 찾아 ◯ 해 보세요.

**f**

- 세게
- 여리게

**mf**

- 조금 세게
- 조금 여리게

**mp**

- 매우 세게
- 조금 여리게

**ff**

- 매우 세게
- 세게

**pp**

- 매우 여리게
- 매우 세게

**p**

- 조금 세게
- 여리게

마카롱의 세 글자 끝말잇기를 완성해 보세요.

시작!

| 세 | 로 | 줄 | → | 줄 | 넘 | 기 |

| 기 | | | → | | | |

| | | | → | | | |

끝!

🧀 친구들이 말하는 것을 음표 머리 위에 알맞게 그려 보세요.

🧀 알맞은 것끼리 연결해 보세요.

| | | |
|---|---|---|
| **Andante** | 안단티노 | 느리게 |
| **Andantino** | 안단테 | 조금 느리게 |
| **Moderato** | 알레그로 | 조금 빠르게 |
| **Allegretto** | 알레그레토 | 빠르게 |
| **Allegro** | 모데라토 | 보통 빠르게 |

🧀 뜻을 보고 ▢에 알맞은 셈여림표를 써 보세요.

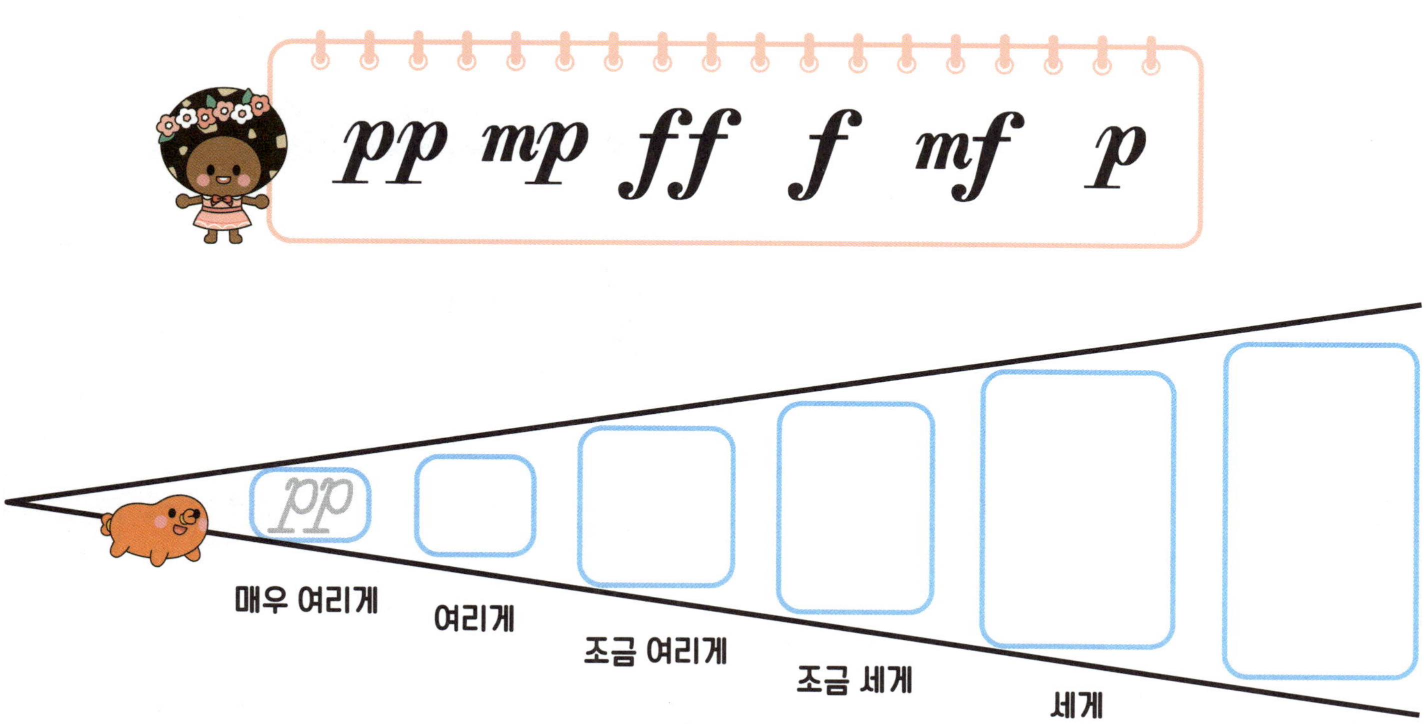


🧀 박의 수가 짧은 음표부터 긴 음표를 순서대로 그려 보세요.

🧀 바른 말을 하는 친구에 ◯, 틀린 말을 하는 친구에 ✕ 해 보세요.

♩의 이름은 4분음표야! ✕

♩박의 수는 1박이야!

♪박의 수는 2박 쉼이야!

♩.의 이름은 점2분음표야!

♩의 이름은 8분쉼표야!

♪는 ♩. 보다 박의 수가 짧아!

o의 이름은 온음표야!

♩는 ♪ 보다 박의 수가 짧아!

🧀 음정을 알맞게 써 보세요.

1 도    도    도    도

🧀 ☐에 알맞은 음표를 그려 보세요.

♩ + ♩ = ☐    ♩ + ♩ = ☐

♪ + ♪ = ☐    ♪ + ♪ = ☐

♩ = ☐ + ☐    𝅝 = ☐ + ☐

♪ = ☐ + ♪    ♩ = ☐ + ☐

WILK

🧀 음정을 알맞게 써 보세요.

3 도    ☐ 도    ☐ 도    ☐ 도

🧀 바른 말을 하는 친구에 ◯, 틀린 말을 하는 친구에 ✖ 해 보세요.

의 이름은 4분쉼표야!

박의 수는 2박이야!

박의 수는 2박 쉼이야!

의 이름은 점2분음표야!

의 이름은 8분쉼표야!

는 보다 박의 수가 길어!

· 의 이름은 온음표야!

는 보다 박의 수가 짧아!

🧀 연주 순서를 써 보세요.

🧀 ☐에 알맞은 쉼표를 그려 보세요.

🧀 연주 순서를 써 보세요.

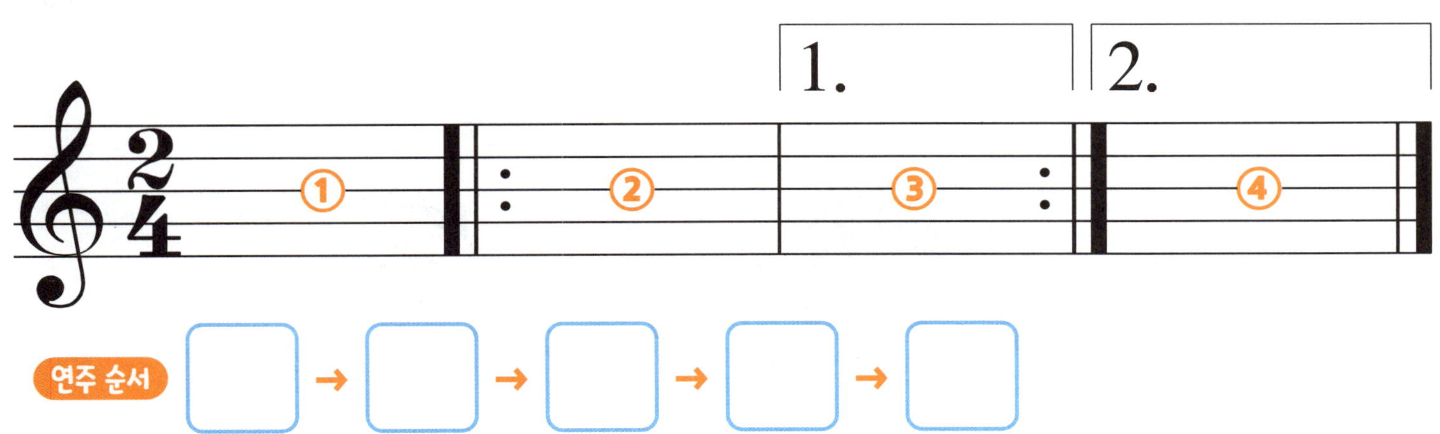

🧀 **음표를 보고, 짝꿍 쉼표를 그려 보세요.**

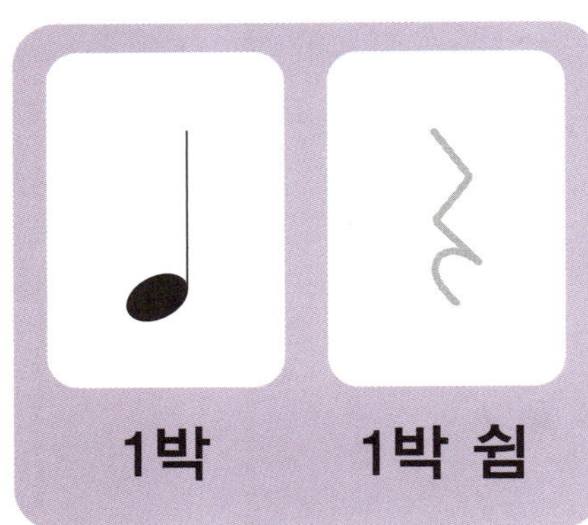

1박 | 1박 쉼

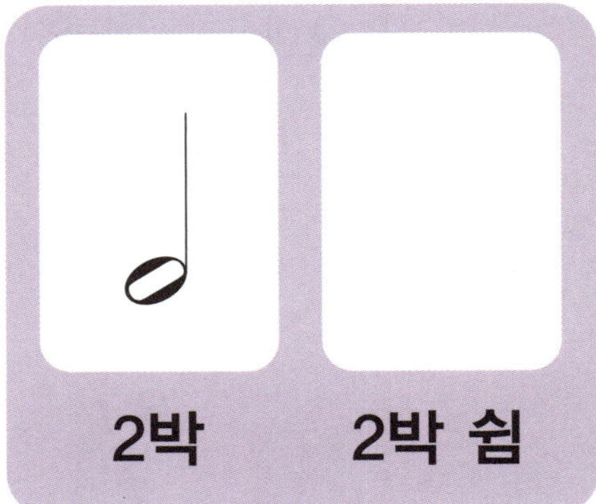

2박 | 2박 쉼

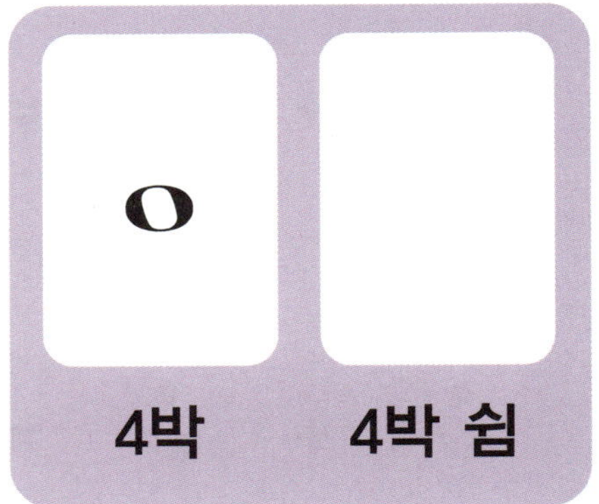

4박 | 4박 쉼

반박 | 반박 쉼

반의 반박 | 반의 반박 쉼

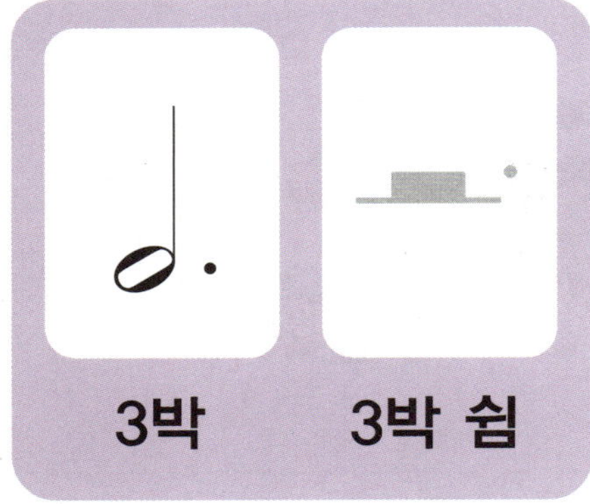

3박 | 3박 쉼

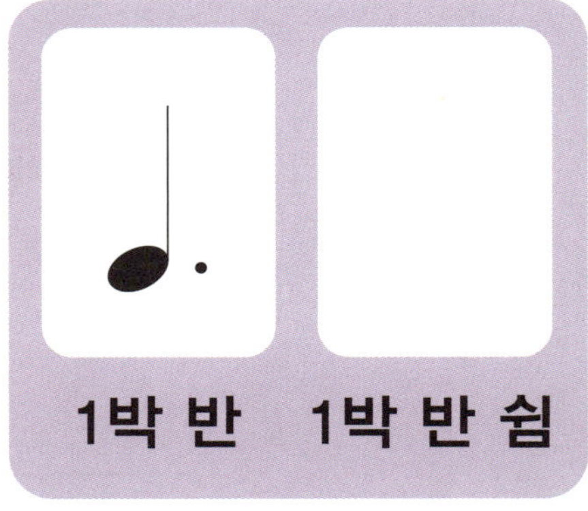

1박 반 | 1박 반 쉼

반박 반 | 반박 반쉼

🧀 **쉼표를 보고, 짝꿍 음표를 그려보세요.**

| 1박 | 1박 쉼 |
| 2박 | 2박 쉼 |
| 4박 | 4박 쉼 |

| 반박 | 반박 쉼 |
| 반의 반박 | 반의 반박 쉼 |

| 3박 | 3박 쉼 |
| 1박 반 | 1박 반 쉼 |
| 반박 반 | 반박 반 쉼 |

**Hint!** 한 옥타브 위에서 연주!

**1.** 브레드가 그린 악보를 바르게 연주한 친구는 누구일까요?

① 

② 

③ 

④ 

**2.** 다음 악보의 음정을 바르게 말한 친구는 누구일까요?

① "2도!"

② "3도!"

③ "4도!"

④ "5도!"

**Hint!** 매우 세게!

**3.** 포르티시모를 그린 친구는 누구일까요?

① *f*

② *ff*

③ *mf*

④ *pp*

**Hint!** 앞 음표의 반박!

**4.** 브레드가 그린 점4분음표의 점은 몇 박일까요?

① 3박  ② 1박

③ 반박  ④ 2박

**5.** 윌크가 그린 악보를 바르게 연주한 친구는 누구일까요?

① 

② 

③ 

④ 

**6.** 2도 음정을 바르게 그린 친구는 누구일까요?

① 

② 

③ 

④ 



**7.** 피아니시모를 그린 친구는 누구일까요?

**8.** 마카롱이 그린 점8분쉼표의 점은 몇 박일까요?

①    3박 반 쉼      ②    1박 쉼

③    반의 반박 쉼      ④    반박 쉼

브레드와 함께하는 **허니 음악이론** ⑤   최정은 편저

**발행인** 박현수
**발행처** 세광음악출판사 | 서울특별시 구로구 벚꽃로76길 27
Tel. 02)714-0048, 50(내용 문의)   Fax. 02)719-2656
http://www.sekwangmall.co.kr

**공급처** (주)세광아트 Tel. 02)719-2652   Fax. 02)719-2191

|총괄| 강성호
|편집 및 교정| 한송이, 김나원
|디자인| 이현정, 강주연
|제작| 김상준
|마케팅| 강성호, 윤미희

**등록번호** 제 3-108호(1953. 2. 12)   **인쇄일** 2025. 8
ISBN   978-89-03-12805-2   93670


ⓒ 2025 세광음악출판사
ⓒ BREADBARBERSHOP